KÖNIGS ERLÄUTERUNGEN
Band 41

Textanalyse und Interpretation zu

Sophokles

ANTIGONE

Thomas Möbius

Alle erforderlichen Infos für Abitur, Matura, Klausur und Referat
plus Musteraufgaben mit Lösungsansätzen

Bange Verlag

Zitierte Ausgabe:
Sophokles: *Antigone*. Übersetzt von Wilhelm Kuchenmüller. Stuttgart: Reclam 1955 (Reclams Universal-Bibliothek 659).

Über den Autor dieser Erläuterung:
Thomas Möbius, geboren 1963 in Heidelberg, Studium der Germanistik und ev. Theologie, Promotion zum Dr. phil. in der germanistischen Mediävistik, Stipendiat der Konrad-Adenauer-Stiftung, Lehraufträge an der Universität Heidelberg, 1991–2001 Lehrer an einem Gymnasium in Mannheim, seit 2002 Akademischer Rat an der Pädagogischen Hochschule Heidelberg, mehrjährige Auslandsaufenthalte in Mailand, Rom und Singapur, Autor von Lernhilfen und Königs Erläuterungen des Bange Verlags.

3. Auflage 2014
ISBN 978-3-8044-1937-7
PDF: 978-3-8044-5937-3, EPUB: 978-3-8044-6937-2

Titelbild: Szenenfoto aus einer Theateraufführung der *Antigone des Sophokles* von Bertolt Brecht am Stadttheater Chur/Schweiz 1948. Helene Weigel (Mitte) als Antigone. © Ruth Berlau/Hoffmann. Bild-Nr. 47-153.
Druck und Weiterverarbeitung: Tiskárna Akcent, Vimperk

1. DAS WICHTIGSTE AUF EINEN BLICK – SCHNELLÜBERSICHT

Damit sich jeder Leser in unserem Band rasch zurechtfindet und das für ihn Interessante gleich entdeckt, hier eine Übersicht.

Im 2. Kapitel beschreiben wir **Sophokles' Leben** und stellen den **zeitgeschichtlichen Hintergrund** dar:

⇨ S. 8 f.
→ Sophokles lebte von ca. **497/496 bis 406 v. Chr.** in **Athen**. (Abschnitt 2.1)

⇨ S. 10 ff.
→ Die Zeit war politisch geprägt durch die **Rivalität zwischen Athen und Sparta**. Das wichtigste innenpolitische Ereignis waren die demokratischen Reformen des **Perikles**. (Abschnitt 2.2)

⇨ S. 17
→ Die *Antigone* wurde um 442/441 während der Feiern zu Ehren des Gottes Dionysos uraufgeführt. (Abschnitt 2.3)

Im 3. Kapitel bieten wir eine Textanalyse und -interpretation.

Entstehung und Quellen:

⇨ S. 18 ff.
Der Antigonestoff ist vermutlich Bestandteil einer **thebanischen Lokalsage**. Möglicherweise hat die Tragödie des Sophokles auch selbst den Antigonestoff begründet. (Abschnitt 3.1)

Inhalt:

⇨ S. 25 ff.
Die Tragödie behandelt die Frage nach den **Grundlagen und den Grenzen menschlichen Handelns**. Antigone handelt gegen das Bestattungsverbot Kreons und begräbt ihren Bruder Polyneikes. Sie begründet ihre Haltung mit dem Göttergebot, das die Bestattung eines Toten zur heiligen Pflicht macht. Kreon verurteilt sie deswegen zum Tode. (Abschnitt 3.2)

Chronologie und Schauplätze:

Der **Handlungszeitraum** erstreckt sich von frühmorgens bis zum Abend desselben Tages; die Tragödie spielt durchgehend an einem Ort, vor dem Königspalast in Theben. (Abschnitt 3.3) ⇨ S. 29 ff.

Personen:

Die Hauptpersonen sind:

Kreon: ⇨ S. 46 ff.

→ absolutistischer Herrscher
→ Unbestechlichkeit und Unabhängigkeit als oberste Prinzipien seines Handelns
→ weicht nur gezwungenermaßen der göttlichen Macht.

Antigone ⇨ S. 52 ff.

→ beruft sich auf göttliches Recht.
→ bereit zur Selbstaufopferung
→ wirkt auch unbesonnen.

Wir stellen diese Hauptfiguren und die Nebenfiguren ausführlich vor. (Abschnitt 3.4)

Stil und Sprache:

Stil und Sprache werden einerseits durch die **Übersetzung aus dem Griechischen** geprägt, zum anderen ist die reichhaltige **Metaphorik** sowie zahlreiche Anspielungen auf griechische Götter- und Heldensagen auffällig. (Abschnitt 3.5/3.6) ⇨ S. 61 ff.

Zwei Interpretationsansätze: Die *Antigone* ist

→ eine Tragödie von der freien Selbstbestimmung. ⇨ S. 70 ff.
→ eine Tragödie mit historisch-politischen Bezügen. (Abschnitt 3.7)

2. SOPHOKLES: LEBEN UND WERK

2.1 Biografie

Sophokles (um 497–406 v. Chr.)

Das Leben des Sophokles ist vor dem Hintergrund der griechischen Polis zu begreifen; seine Lebenszeit von ca. 497 v. Chr. bis 406 v. Chr. umfasst die höchste Blüte der athenischen Sklavenhalterdemokratie. Die vollständige Niederlage Athens im Kampf gegen Sparta hat er nicht mehr erlebt. Von Sophokles, der bereits zu Lebzeiten durch seine dichterischen und politischen Leistungen Berühmtheit erlangte, sind nur sieben von 123 Dramen ganz überliefert, der Rest besteht aus Titelangaben oder Fragmenten.

Jahr	Ort	Ereignis	Alter
ca. 497/496	Kolonos Hippios bei Athen	Geburt als Sohn eines wohlhabenden Fabrikanten (Waffen, Ackergeräte)	
490		1. Perserkrieg	7
480	Athen	Zerstörung Athens durch den Perserkönig Xerxes I.	17
479	Salamis	Sieg der Athener über die Perser	18
461–446/45	Athen/Sparta	Rivalität Athen/Sparta; erster Krieg um die Vorherrschaft in der Region	36–52
461–430	Athen	demokratische Reformen unter Perikles	36–67
445		Friedensschluss zwischen Athen und Sparta	52
443	Athen	Ernennung zum Schatzmeister der Bundeskasse	54

Jahr	Ort	Ereignis	Alter
443–429	Athen	perikleisches Zeitalter: Perikles beseitigt Opposition und wird jährlich in die beherrschende Stellung des Strategen gewählt. Perikles genießt große Autorität beim Volk.	54–68
441–439	Athen	Ernennung des Sophokles zum Strategen neben Perikles	56–58
439	Athen	Pest in Athen, Tod des Perikles	58
431		Beginn erneuter Konfrontation zwischen Athen und Sparta im peloponnesischen Krieg (bis 404)	66
420	Athen	Aufnahme des Gottes Asklepios in Athen, Stiftung seines Heiligtums durch Sophokles	77
413		Sieg Spartas über Athen mit Unterstützung der Perser	84
411	Athen	Mitglied der oligarchischen Regierung Athens	86
408	Athen	Tod des Euripides	89
406	Athen	Tod des Sophokles	91
405		Vernichtung der athenischen Seestreitkräfte durch die spartanische Flotte	
404	Athen	Oligarchie von „Dreißig Tyrannen“	
403	Athen	Wiederherstellung der Demokratie	

2.2 Zeitgeschichtlicher Hintergrund

ZUSAMMEN-
FASSUNG

Wichtig im 5. Jh. v. Chr.:

- → Entwicklung des Theaters aus religiösen Feiern zu Ehren des Dionysos
- → Dionysoskult als Teil einer fünftägigen politischen Veranstaltung
- → Feiern als Demonstration der Macht Athens und als Initiationsrahmen für die volljährigen Söhne, die in die Gemeinschaft der Erwachsenen aufgenommen werden
- → Entwicklung Athens nach 449 zur 3. Großmacht im Mittelmeer
- → 458 wird die Demokratie durch die Zulassung der 3. Klasse zum Archontat vollendet.
- → 429: Tod des Perikles
- → Der Verfall der Demokratie bedeutet auch das Ende der klassischen Zeit des antiken Dramas.

Der Dionysoskult

Entwicklung des Theaters aus religiösen Feiern

Die griechische Tragödie, wie sie sich im 5. Jh. v. Chr. in Athen zu entwickeln beginnt, ist von Anfang an ein Bestandteil des staatlichen Kultes; zur Zeit des Perikles gibt es in Athen sogar ein Tagegeld für den Besuch des Theaters. Das Theater entwickelt sich aus religiösen Feiern zu Ehren des Gottes Dionysos. Das von der Kultgemeinde während der Dionysosfeier gesungene Chorlied, der Dithyrambus (griech. „Bocksgesang"), ist das Grundelement und in den späteren Stasima erhalten.

Der Dionysoskult selbst setzt sich vom 7. Jh. v. Chr. an auf der Peloponnes durch: Es ist überliefert, dass Arion in Korinth um 600 v. Chr. einen Chor mit mythologischem Inhalt für Dionysosfeste einstudiert hat; die Mitglieder dieses Chores sind als Böcke verkleidet und rufen die lokale Gottheit des Dionysos Lysios mit einem formlosen Kultruf, dem Dithyrambus, an. Das Chorlied des Arion übernimmt den traditionellen Namen „Dithyrambus". Ab 560 v. Chr. ist der „Bocksgesang" auch für Athen überliefert, wo ihn Peisistratos aufgenommen und auf die Verehrung des Dionysos Eleuthereus übertragen hat. Zum Inhalt des Chorliedes wird dort der Mythos als eine Form der zentralen Sinngebung der Wirklichkeit durch göttliches Wirken. Durch den mythischen Bezug finden auch die Anfänge einer dargestellten Handlung Eingang in das Chorlied, das sich zu einem Stasimon, einem Standlied, entwickelt. Zwischen den einzelnen Chorpartien kann ein Sprecher, ein Hypokrites (griech. „Antworter", „Schauspieler"), seinen persönlichen Empfindungen Ausdruck geben; dieser Sprecher entwickelt sich zu einer Vollfigur, da sich das Interesse des Publikums immer stärker auf die Handlung konzentriert.

Der Bocksgesang

Eine echte Handlung wird durch die Einführung eines zweiten Schauspielers durch Aischylos (525–456 v. Chr.) möglich, Sophokles führt sogar noch einen dritten Schauspieler ein; diese Zahl wird in der Folge nicht mehr überschritten. Mit der Betonung der Handlung sinkt die Zahl der Chormitglieder; sind es bei Aischylos noch 50 gewesen, so verwendet Sophokles nur noch 15 Chorsänger.

Drei Schauspieler

Die griechische Tragödie, entstanden aus und eingebettet in den Dionysoskult, ist also eine Mischung aus musikalischen Partien des Chores und dramatischer Rede der Schauspieler. Die – ausnahmslos männlichen – Schauspieler tragen Masken aus leichtem, bemaltem Stoff, die den jeweils dargestellten Typus verkörpern: Mit der Zeit entwickeln sich 25 tragische und 40 komische Masken.

Schauspieler verwenden Masken

Die Verwendung von Masken lässt sich sowohl technisch als auch religiös begründen: Sie erleichtert das Hineinschlüpfen in andere Rollen, da infolge der Begrenzung der Spielerzahl ein Schauspieler während einer Aufführung mehrere Rollen zu spielen hat; die Verkleidung ist darüber hinaus ein Zeichen dafür, dass die Schauspieler zu Ehren des Gottes ihre Individualität aufgeben und auf diese Weise aus sich selbst heraustreten. Das griechische Wort Ekstase – ein zentraler Bestandteil des Dionysoskultes – bedeutet nichts anderes als „aus sich selbst heraustreten".

„Ekstase"

Sophokles; Darstellung in der Schedelschen Weltchronik von 1493
© ullstein bild

Das griechische Theater

Den Aufführungsraum der Tragödie bietet das griechische Theater, das in seinen Anfängen eine Kultstätte zu Ehren des Dionysos ist. So war beispielweise das Dionysostheater unterhalb der Akropolis in Athen im 5. Jh. zunächst ein Dionysostempel, in dessen Nähe sich die Orchestra, der Tanzplatz, mit dem Dionysos-Altar in der Mitte befindet. Diese Orchestra ist die Urzelle des Theaters, das erst im 4. Jh. (330 v. Chr.) aus Stein erbaut wird. Vorher saßen die Zuschauer auf Holztribünen, auch das Bühnengebäude ist aus Holz gezimmert.

Theater ursprünglich Dionysostempel

Wesentliche Bestandteile des Theaters sind:

- das Zuschauerhalbrund (das Theatron), das in z. B. Athen ein Fassungsvermögen von bis zu 15 000 Zuschauer hat;
- der Tanzplatz (die Orchestra), der einen Durchmesser von rund 30 Metern hat und dem Chor vorbehalten bleibt;
- der Weg zwischen Bühnenhaus und Zuschauerhalbrund (die Parodos), der der Eingang für Chor und bestimmte Schauspieler während der Aufführung ist und den Zuschauer als Eingang vor der Aufführung benutzen dürfen;
- das Bühnenhaus (die Skene), auf der Schauspieler auftreten und das auch für die Installation technischer Geräte gedacht ist, mit denen Effekte erzielt werden können. So kann z. B. ein Kran das Herabschweben hilfreicher Götter ermöglichen („Deus ex machina“), eine Maschine (das Bronteion) verursacht Donnergeräusche durch herabfallende Metallkugeln. Die Skene ist nach rechts und links von Seitenflügeln (das Paraskenion) begrenzt; der Skene vorgelagert ist die vordere Bühnenwand (das Proskenion).

Theatron

Orchestra

Parodos

Skene

DIE BESTANDTEILE DES GRIECHISCHEN THEATERS (AUS: ZINK, S. 79)

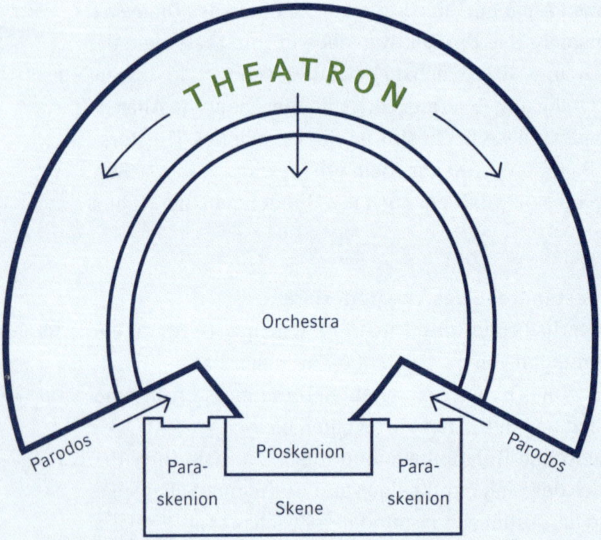

Dionysoskult als politische Veranstaltung

Als Teil des Staatskultes ist der Dionysoskult mit eingeschlossener Theateraufführung eine politische Veranstaltung, die sich über fünf Tage erstreckt. Teilnehmen dürfen nur die Athener, die das Bürgerrecht besitzen; das sind zur Zeit des Perikles etwa 40 000. An den ersten beiden Tagen wird der eigentliche Gottesdienst mit dem feierlichen Opfer am Altar des Gottes abgehalten. Dabei sind in der Orchestra auch die Tribute der Mitglieder des Attischen Seebundes ausgestellt. Der politische Charakter wird darüber hinaus dadurch betont, dass die volljährigen Söhne der im Krieg gefallenen Athener feierlich in die Gemeinschaft der Erwachsenen aufgenommen werden und als Ehrengeschenk die Rüstungen erhalten, die in der Orchestra liegen. Am dritten, vierten und fünften Tage werden die Dramen, jeweils drei Tragödien und ein Satyrspiel, aufgeführt, die für die Teilnahme am Wettbewerb bestimmt worden sind. Fünf Preisrichter entscheiden nach der letzten Aufführung über den Sieger, der mit einem Efeukranz und einem Geldpreis geehrt wird.

Theater des Dionysos in Athen, Ansicht entstanden um 1850 © Cinetext/Sammlung Richter

Keine Wiederholung erfolgreicher Stücke

Eine Wiederholung erfolgreicher Stücke außerhalb des staatlich vorgegebenen Rahmens ist nicht vorgesehen. Wiederaufführungen bereits gespielter Tragödien werden erst ab 386 v. Chr. zugelassen. Mit der Zeit bildet sich ein Kanon von als klassisch erachteten Werken heraus. Zu diesem Kanon gehören die Stücke des Aischylos (525–456 v. Chr.), des Sophokles (497–406 v. Chr.) und des Euripides (480–406 v. Chr.). Mit dem Verlust der Verbindung von Polis und Dionysostheater/Tragödie, die dem Niedergang der attischen Seeherrschaft dem Verfall der Demokratie folgt, geht auch die klassische Zeit des antiken Dramas zu Ende. Mit seiner Komödie *Die Frösche* (405 v. Chr.) zieht Aristophanes (445–385 v. Chr.) gleichsam einen Schlussstrich unter die klassische Epoche der attischen Tragödie.

Aristophanes

2.3 Angaben und Erläuterungen zu wesentlichen Werken

497/496	Geburt des Sophokles in Kolonos Hippios bei Athen
468	Erste Tragödienaufführung des Sophokles (Tripolemos-Trilogie). In dem Theaterwettstreit siegt er insgesamt vierundzwanzigmal.
445/443	*Trachinerinnen, Aias* (frühestes erhaltenes Drama)
442/441	*Antigone*
427	*König Ödipus*
415/414	*Elektra*
409	*Philoktet*
407	*Ödipus auf Kolonos* (Uraufführung 401 v. Chr.)
406	Tod des Sophokles in Athen

Sophokles hat wohl mehr als 100 dramatische Werke verfasst, überliefert sind aber nur sieben: Zu den Tragödien, die den Thebenstoff, also die Ödipussage, gestalten, gehören neben der *Antigone* auch *König Ödipus* (ca. zwischen 429–425 v. Chr. aufgeführt) sowie *Ödipus auf Kolonos* (ca. 401 aufgeführt). In anderen erhaltenen Werken wird die Trojasage gestaltet: In der Tragödie *Aiais*, die zwischen 455 und 450 aufgeführt wurde, wird das Schicksal des Griechen Aias aufgegriffen, der sich aus Wut darüber, dass ihm nicht die Waffen des gefallenen Achill zugesprochen worden sind, rächen will. Die Göttin Athene trübt sein Bewusstsein; als er nach dessen Wiedererlangung erkennen muss, dass er Schafe statt der Soldaten getötet hat, nimmt er sich das Leben. Im Zentrum der Tragödie *Elektra*, die ca. 413 v. Chr. aufgeführt wurde, steht die Rache des Orest an der Gatten- und Vatermörderin Klytaimnestra, zu der ihn seine Schwester Elektra anspornt. In den Tragödien *Die Trachinierinnen* (um 442 v. Chr.) und *Philoktetes* (um 409 v. Chr.) arbeitet Sophokles mit dem Herakles-Sagenstoff.

3. TEXTANALYSE UND -INTERPRETATION

3.1 Entstehung und Quellen

ZUSAMMEN-FASSUNG

- → Sophokles gestaltet vermutlich eine thebanische Lokalsage.
- → Sage als Teil einer Herrschergenealogie, Kadmos als Stammvater Thebens
- → Antigone ist die Tochter von Ödipus und Iokaste, damit wird auch die Ödipussage präsent.
- → 442/441 v. Chr.: Aufführung der Tragödie
- → *Antigone* mit großem Aufführungserfolg, Sophokles gewinnt den Theaterwettstreit und wird mit einem politischen Amt belohnt.

Antigonestoff als thebanische Lokalsage

Der Antigonestoff lässt sich nicht bei Homer nachweisen; vermutlich handelt es sich um eine thebanische Lokalsage. Namentlich greifbar ist Antigone zuerst in einer Genealogie des Pherekydes von Athen im 5. Jh. v. Chr. Sie wird dort neben Ismene, Polyneikes und Eteokles als Kind aus der zweiten Ehe des Ödipus mit Euryganeia genannt. Ihr genealogisches Verhältnis zu den Eltern ändert sich erst, als sie Eingang in das Drama *Sieben gegen Theben* (aufgeführt 467 v. Chr.) des Aischylos findet.

Antigone bei Aischylos

Bei Aischylos wird die Schuld des Eteokles hervorgehoben, der seinem Bruder das Erbe nicht überlässt; der Chor der thebanischen Jungfrauen unterstützt Antigone und Ismene in ihrer Klage um die toten Brüder. Das Bestattungsverbot selbst geht von einem oligarchischen Volksorgan aus, das von einem Herold am Ende des Dramas verkündet wird. Nach einer kurzen Auseinandersetzung mit Antigone und dem Chor ist der Herold dann aber sogar bereit, bei der Bestattung zu helfen. Dieser Schluss der aischyleischen *Sieben gegen Theben* ist vermutlich erst nach den *Phoinissai* (*Die Phönikerinnen*) des Euripides entstanden, also nach 410 v. Chr.; so muss man davon ausgehen, dass die um 442/441 v. Chr. aufgeführte Tragödie *Antigone* von Sophokles den Antigonestoff begründet hat.

Theben

Sage als Herrscher-genealogie

Der mythologische Gehalt des Antigonestoffs ist eng mit der Geschichte Thebens verbunden: Die Gründung der Stadt geht auf Kadmos zurück; dessen Großvater ist Poseidon, die Urgroßeltern sind Zeus und Io. Nach einer Weissagung Apolls wird Kadmos von einem Rind an die Stelle geführt, an der er eine Stadt gründen soll. In der Nähe des Ortes, an dem sich das Rind schließlich niederlässt, tötet Kadmos einen Drachen und sät, einer Anweisung Athenes folgend, dessen Zähne in die Erde. Aus den Zähnen wächst ein Schar von Kriegern hervor, die sofort beginnen, sich zu bekriegen. Mit den fünf Soldaten, die überleben, baut Kadmos die neue Stadt Theben.

Aus dem Geschlecht des Kadmos stammen die Herrscher Thebens. Der folgende Stammbaum gibt einen Überblick über die Verwandtschaftsverhältnisse:

3.1 Entstehung und Quellen

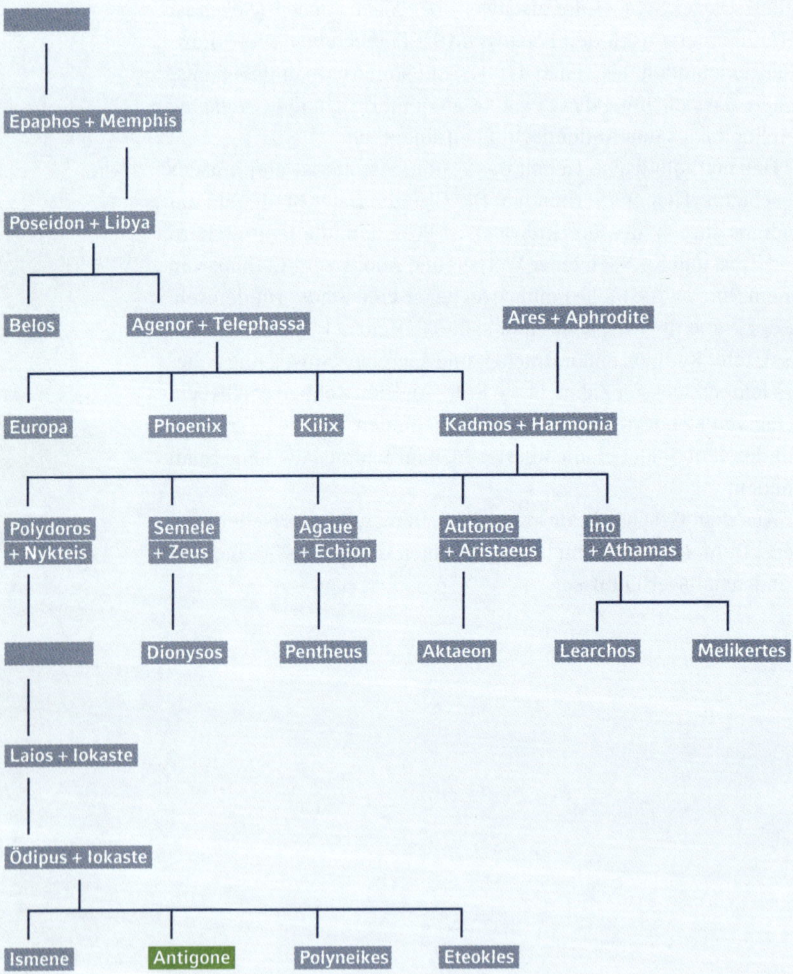

Aus der Verbindung des Kadmos mit Harmonia, der Tochter des Ares und der Aphrodite, gehen fünf Kinder, Polydorus, Semele, Agaue, Autonoe und Ino, hervor. Eine der Töchter des Kadmos, Semele, wird später die Mutter des Dionysos; daher ist die Verehrung des Gottes in Theben und das Interesse eines Athener Dichters wie Sophokles zu erklären, der den Sagenstoff für das Dionysosfest heranzieht.

Dionysos

Polydorus folgt dem Vater auf den Thron von Theben, er stirbt jedoch bereits nach einem Jahr. Aus seiner Ehe mit Nykteis geht Labdakos hervor, der der Vater von Laios wird – mit Laios beginnt der Fluch über das Labdakiden-Geschlecht: Laios verliebt sich in den schönen Sohn des Pelops, Chrysippos, und entführt ihn. Der Fluch des Pelops wird von Zeus erhört und das Orakel von Delphi teilt Laios mit, dass er von seinem eigenen Sohne getötet werde.

Die Ödipussage

Hier schließt sich die Sage um Ödipus an: In Erinnerung an den Orakelspruch übergibt Laios den ersten Sohn aus seiner Ehe mit Iokaste einem Hirten mit dem Auftrag, den Säugling zu töten. Dieser Auftrag wird nicht ausgeführt, stattdessen wird Ödipus, so der Name des Säuglings, dem König von Korinth übergeben, der ihn an Sohnes statt aufzieht.

Nachdem Ödipus als junger Mann von einem Betrunkenen erfahren hat, dass er nicht der leibliche Sohn des Königs ist, macht er sich auf den Weg, sein wahres Elternhaus zu suchen. Er begegnet seinem nicht als solchen erkannten Vater Laios und erschlägt ihn, nachdem er von ihm und dessen Gefolge gereizt worden ist. Ödipus gelangt nach Theben, das er von der Sphinx befreit und dessen neuer Herrscher er wird. Mit der Königin heiratet er unwissentlich seine eigene Mutter, aus dieser Ehe stammen vier Kinder: Ismene, Antigone, Polyneikes und Eteokles.

Ödipus heiratet seine Mutter

Begegnung mit der Sphinx

In seinem Drama *König Ödipus* gestaltet Sophokles die Aufdeckung des Vatermordes und des inzestuösen Verhältnisses zwischen Mutter und Sohn: Theben wird von der Pest heimgesucht, und bei der Suche nach der Ursache wird klar, dass die ungebüßte Schuld des Ödipus den Grund für die Heimsuchung darstellt. Iokaste tötet sich, Ödipus blendet sich und verlässt Theben. In *Ödipus auf Kolonos* erzählt Sophokles das Ende des Laiossohnes.

Streit um Theben

Noch während der Lebenszeit des Ödipus kommt es zwischen seinen Söhnen zum Streit um die Vorherrschaft in Theben, der dadurch entschieden wird, dass beide abwechselnd regieren sollen. Als Eteokles sich weigert, die Herrschaft turnusgemäß an Polyneikes zu übergeben, kommt es endgültig zu einer bewaffneten Auseinandersetzung. Zusammen mit seinem Schwiegervater Adrastos, dem König von Argos, zieht Polyneikes gegen Theben. Aischylos hat in *Sieben gegen Theben* den Kampf um die Stadt literarisch gestaltet. Auf Geheiß des blinden Sehers Teiresias opfert der jüngste Sohn Kreons, Megareus, sein Leben für die Rettung Thebens. Die Götter stellen sich auf die Seite des Eteokles, das wird deutlich am

Zeus ist beleidigt

Lebensende des Kapaneus, der – Zeus mit beleidigenden Worten herausfordernd – bereits die Stadtmauer erklommen hat und dort von einem Blitz des Zeus erschlagen wird. Schließlich kommt es zum Zweikampf zwischen den beiden Brüdern, der für beide tödlich endet; das Heer des Adrastos flieht. Neuer König von Theben wird Kreon, der Bruder Iokastes. Mit seinem Befehl, Polyneikes die Bestattung zu verweigern, blendet sich die Tragödie *Antigone* am Morgen nach der Schlacht ein.

Antigone bei Sophokles zuerst im Zentrum

Sophokles rückt in seinem Drama erstmals die Figur der Antigone in den Mittelpunkt des Geschehens. Auch das Bestattungsverbot ist seine Erfindung. Schadewaldt berichtet dagegen, dass die Leiche des Polyneikes wie die der anderen gefallenen Heerführer verbrannt worden sei:

> „An den Zug der Sieben gegen Theben und den Tod der beiden Brüder schließt unmittelbar die Geschichte von Antigone an, wie Sophokles sie in seiner Tragödie gestaltet hat. Doch hat Sophokles nach allem, was wir wissen, die Fabel seines Dramas aus dem ihm gegebenen großen Zusammenhang der Labdakidensage so gut wie frei entwickelt. Die Hauptmomente seiner Neugestaltung waren, dass er zunächst einmal in seinem Einzeldrama den Fluch, den Pelops einst über Laios gesprochen hatte, zurückdrängte (...). Sodann hat nach allem, was wir wissen, erst Sophokles die Gestalt der Ödipustochter Antigone in seinem Einzeldrama in die Mitte gerückt. Die ältere Sage wusste allenfalls von Schwester Ismene zu berichten (...). Diese ältere Sage wusste auch nichts von dem Bestattungsverbot, das über Polyneikes verhängt wird. Vielmehr wird dieser in einigen auf uns gekommenen Nachrichten so wie die anderen vor Theben gefallenen Heerführer auf dem Scheiterhaufen verbrannt."[1]

Fabel des Dramas frei entwickelt

Das 442 oder 441 v. Chr. im Rahmen des Dionysosfestes aufgeführte Drama ist ein großer Erfolg und findet erhebliche Resonanz beim Publikum. Sophokles setzt sich mit *Antigone* nicht nur gegen zwei Konkurrenten durch und gewinnt den Theaterwettstreit, bei Aristophanes von Byzanz (200 v. Chr.) wird zudem überliefert, man habe Sophokles kurz darauf das Strategenamt von Samos verliehen, ihn also zu einem General neben Perikles gemacht. Dieses Amt kann möglicherweise im Zusammenhang gesehen werden mit dem großen Erfolg der *Antigone*, da die Volksversammlung, also die Gemeinschaft aller Athener Bürger mit Bürgerrecht, den jeweiligen Strategen bestimmen muss.

Antigone mit großem Aufführungserfolg

---

1 Schadewaldt, *Hellas und Hesperien*, S. 444 ff.

Der von Sophokles geprägte Stoff hat die Dichter der nachfolgenden Jahrhunderte, besonders aber die Dichter seit der Klassik beeinflusst und zu Übersetzungen oder Bearbeitungen veranlasst. Die Rezeption der *Antigone* reicht bis in die Gegenwart; Inszenierungen aus den vergangenen Jahrzehnten bemühen sich um eine Aktualisierung der antiken Vorstellungswelt, aber auch um eine eng an der griechischen Aufführungspraxis orientierte Inszenierung (vgl. 4.3).

3.2 Inhaltsangabe

ZUSAMMEN-FASSUNG

Die Tragödie *Antigone* behandelt die Frage nach den Grundlagen und den Grenzen menschlichen Handelns am Beispiel der dem Labdakidengeschlecht entstammenden Antigone. Als mythologischer Hintergrund ist ferner der Kampf des Polyneikes um die ihm rechtmäßig zustehende Herrschaft über Theben zu berücksichtigen, der mit seinem eigenen Tod und dem seines Widersachers, seines Bruders Eteokles, endet.

Sieben Hauptszenen

Die Handlung des Dramas ist in sieben Hauptszenen eingeteilt, zwischen denen jeweils ein Chorlied steht. Sie setzt am frühen Morgen des Tages, der nach dem Tod der beiden Brüder folgt, ein. Antigone teilt ihrer Schwester Ismene mit, gegen das Bestattungsverbot ihres Onkels Kreon, des neuen Herrschers, handeln zu wollen und Polyneikes diese Ehre zu erweisen. Sie begründet ihre Haltung mit dem Göttergebot, das die Bestattung eines Toten zur heiligen Pflicht macht, und geht ab, um die Tat auszuführen.

Kreon

Kreon, der sich als grundsatztreuer und strenger Herrscher darstellt, erlässt das Bestattungsverbot, weil er in Polyneikes einen Feind sieht, der Theben mit Krieg überzogen hat. Als ihm ein Wächter die Nachricht von der symbolischen Bestattung des Toten überbringt, verlangt Kreon unter Androhung der Todesstrafe die Aufklärung des Tatbestandes. Kurze Zeit später kann derselbe Wächter die Ergreifung Antigones melden, die versucht hat, Polyneikes ein zweites Mal zu begraben. Gegenüber Kreon rechtfertigt sie sich mit dem Hinweis auf Göttergebot und Familienpflicht. Kreon sieht in ihr nur eine Straftäterin, über die er das vorgesehene Urteil verhängen wird.

Haimon und Kreon

Im Gespräch mit seinem Sohn Haimon, dem Verlobten Antigones, erläutert Kreon seine Haltung und fordert gleichzeitig Gehorsam. Haimon appelliert dagegen an die Einsicht des Vaters und bittet ihn zu erkennen, dass die Tat Antigones beim Volk als ehrenhaft eingestuft wird. Sollte Antigone sterben, so deutet Haimon seinen Selbstmord an, werde der Vater auch ihn zum letzten Mal gesehen haben.

Antigones Klage

Auf ihrem Weg ins Felsengrab klagt Antigone darüber, von keinem Unterstützung für ihre Tat erhalten zu haben und nicht zu wissen, gegen welches göttliche Gesetz sie verstoßen habe. Ihr einziger Trost sei es, im Tod von den Angehörigen empfangen zu werden.

Auftritt des Teiresias

Nachdem Kreon die Ausführung des Urteils befohlen hat, teilt ihm der blinde Seher Teiresias mit, dass Kreon bei Ausführung seines Urteils mit der Verfolgung durch die Erinnyen zu rechnen hat, da er einem Toten die Bestattung versage und eine Unschuldige, gemeint ist Antigone, hinrichten lasse. Aus Angst vor den Folgen befiehlt Kreon die Befreiung Antigones; in der Schlussszene wird klar, dass seine Verhaltensänderung zu spät kommt: Nach Antigone, die sich erhängt hat, sterben auch Kreons Sohn und Eurydike, Kreons Gattin, durch eigene Hand; Kreon bleibt am Ende des Tages als gebrochener Mann zurück.

Chor der Geronten

Die Hauptszenen sind von Chorliedern, sogenannten Stasima, unterbrochen, mit denen der Chor der Geronten (der Ältesten) die Handlung durch Beispiele aus der Mythologie kommentierend begleitet. Vor der Schlussszene ruft der Chor den Schutzherrn Thebens, den Zeussohn Dionysos, an, zu dessen Ehren die Tragödienaufführung im Rahmen seines Gottesdienstes stattfindet.

Lehre

Die Aussage der Tragödie lässt sich aus den Schlussversen des Chores entnehmen, in denen die Besonnenheit gelobt wird. Sie bedeutet im Kontext der Handlung die Spannung zwischen

Götterwillen und menschlichem Freiheitsanspruch, der sich in Kreons Gesetzgebung für die Polis zeigt. Besonnenheit heißt, dass menschliche Entscheidungen hinsichtlich ihrer Legitimationsgrundlagen, seien sie familiärer, politischer oder religiöser Art, überprüft werden müssen. Eigenmächtiges Handeln – auch im Sinne einer vermeintlichen Staatsräson – ist ein Ausdruck der Verblendung, die zu Unheil führt.

Erfolg der Tragödie

Mit der Absage an despotisches, nur dem eigenen Gewissen unterworfenes Tyrannentum lässt sich vor dem Hintergrund der athenischen Polis-Demokratie möglicherweise auch der Erfolg der Tragödie erklären: Die erste Aufführung der *Antigone* im Jahre 442 oder 441 v. Chr. erntet nach Auskunft des alexandrinischen Gelehrten Aristophanes von Byzanz großes Lob. Sophokles erhält kurz darauf das Strategenamt auf Samos, was möglicherweise im Zusammenhang mit der erfolgreichen Aufführung gesehen werden kann.

Bearbeitungen: Überblick

Der Stoff ist später zudem in zahlreichen Bearbeitungen mit je eigener Akzentsetzung gestaltet worden, so z. B. von Euripides (485–406 v. Chr.): *Phonissai* (entstanden um 410 v. Chr.), Seneca (zw. 4 v. Chr. und 1 n. Chr.–65): *Phoenissae* (entstanden im 1. Jh. n. Chr.), Jean Racine (1639–1699): *La Thébaide ou Les Frères ennemis* (1664), Martin Opitz (1597–1639): *Antigone* (1636), Johann Christian Friedrich Hölderlin (1770–1843): *Antigonä* (1804), Walter Hasenclever (1890–1940): *Antigone* (1917), Jean Anouilh (1910–1987): *Antigone* (1942), Bertolt Brecht (1898–1956): *Antigone des Sophokles* (1948). Epische Bearbeitungen schaffen einen neuen Zeithintergrund für Antigones Tat: Rolf Hochhuth (geb. 1931): *Die Berliner Antigone* (1963), Elisabeth Langgässer (1899–1950): *Die getreue Antigone* (1947). Eine politische Aktualisierung vor dem Hintergrund terroristischer Anschläge in Deutschland unternehmen Volker Schlöndorff und Heinrich Böll in dem Episodenfilm *Deutschland im Herbst* aus dem Jahre 1978. Dort wird diskutiert, ob die Fernsehausstrahlung einer *Antigone*-Aufführung angesichts der innenpolitischen Situation in Deutschland nicht zu gewagt ist.

Neuere Inszenierungen personifizieren in der Figur der Antigone den Widerstand gegen ein höheren Prinzipien widersprechendes Gesetz und erweisen so die Aktualität der antiken Tragödie, die diese Deutung durchaus nahe legt; allerdings macht das Beispiel der Antigone auch mögliche persönliche Folgen solchen Widerstandes drastisch klar.

3.3 Aufbau

(Prolog) Exposition:	(1. Epeisodion) erregendes Moment:	(2. Epeisodion) aufsteigende Handlung:	(5. Epeisodion) Peripetie:	(5. Stasimon) retardierendes Moment:	(Schlussszene/ Exodos) Katastrophe:
→	→	→	→	→	—
Antigones Bestattungs-vorhaben	Bestattungs-verbot Kreons, Entdeckung der Tat	Verhaftung und Todes-urteil über Antigone	Warnung an Kreon und sein Sinnes-wandel	Anrufung des Dionysos	Selbstmord von Antigone, Haimon, Eurydike

Die Grundstruktur der Handlung

Die Tragödie besteht aus sieben Hauptszenen, zwischen denen sechs Chorlieder stehen. Im Einzelnen stellen sich der Aufbau und die Funktion der Szenen folgendermaßen dar:

Szene	Funktion	Personen	Inhalt/Thema	ab
Prolog	Exposition	Ismene/ Antigone	Antigones Plan, Polyneikes zu bestatten	V. 1 ff.
Parodos (= Einzugslied des Chores)		Chor	Vorgeschichte: Streit zwischen Polyneikes und Eteokles	V. 100 ff.
1. Epeisodion (= Auftritt)	(erregendes Moment)	Kreon, Chor, Wächter	Regierungsgrundsätze Kreons, Bestattungsverbot, Entdeckung der Tat	V. 162 ff.
1. Stasimon (= Standlied des Chores)		Chor	Fülle und Grenze menschlicher Macht	V. 332 ff.
2. Epeisodion	aufsteigende Handlung	Chor, Wächter, Kreon, Antigo-ne, Ismene	Ergreifung Antigones und ihre Rechtfertigung, Kreons Todesurteil	V. 376 ff.

3.3 Aufbau

Szene	Funktion	Personen	Inhalt/Thema	ab
2. Stasimon		Chor	Unheil und Verblendung („Ate") als Bestandteile des menschlichen Lebens	V. 583 ff.
3. Epeisodion		Chor, Kreon, Haimon	Kritik Haimons an Entscheidung Kreons, Kreons Rechtfertigung	V. 628 ff.
3. Stasimon		Chor	Macht des Eros	V. 781 ff.
4. Epeisodion		Antigone, Chor, Kreon	Abschiedsworte Antigones, Prüfung ihrer Entscheidung	V. 800 ff.
4. Stasimon		Chor	Macht des Schicksals, Beispiele für Gefangenschaft und Tod in Türmen bzw. Felsenhöhlen	V. 944 ff.
5. Epeisodion	Peripetie	Teiresias (mit einem Knaben), Kreon, Chor	Verurteilung des Bestattungsverbotes, Warnung an Kreon und sein Sinneswandel	V. 988 ff.
5. Stasimon	(retardierendes Moment) Katastrophe	Chor	Anrufung des Dionysos und Bitte um sein Kommen	V. 1115 ff.
Schlussszene/ Exodos (= Auszugslied des Chores)		Chor, Eurydike, Kreon, Bote	Selbstmord von Antigone, Haimon, Eurydike; Verzweiflung und Reue Kreons; Lob der Besonnenheit	V. 1155 ff.

Drei Einheiten

Der Aufbau des Stücks ist ein Vorbild für die später in der ***Poetik* des Aristoteles** geforderte **Idealform der Tragödie** (vgl. **Mat. 1**). Sie beachtet sowohl die **Ständeklausel** als auch die drei **Einheiten der Handlung, der Zeit und des Ortes**: Der Handlungszeitraum erstreckt sich von frühmorgens bis zum Abend, die Handlung ist vollständig, d. h., sie wird durch einen Anfang begründet, erlebt eine Durchführung und wird abgeschlossen; außerdem spielt die Tragödie durchgehend an einem Ort, vor dem Königspalast in Theben.

Chronologie der Szenen

Prolog (V. 1 ff.) Ismene, Antigone

Am Tag nach dem Tod der Brüder Polyneikes und Eteokles und nachdem in der Nacht das Heer der Argiver abgezogen ist, treffen sich Antigone und ihre Schwester Ismene vor dem Königspalast in Theben. Antigone ist aufgebracht darüber, dass der neue Herrscher, ihr Onkel Kreon, Eteokles bestattet hat, dem Leichnam des Polyneikes aber das Begräbnis verweigert. Einem unbestatteten Toten bleibt jedoch die Aufnahme in den Hades verschlossen.

Sollte jemand entgegen Kreons Erlass das Begräbnis vornehmen, so wird diesem der Tod durch Steinigung angedroht.

Antigone offenbart Ismene ihren Plan, den Bruder trotz des Verbotes zu bestatten, und bittet sie um Mithilfe bei der Durchführung. Mit dem Hinweis auf das ergangene Verbot und auf das fluchbeladene Geschlecht ihres Vaters Ödipus verweigert Ismene ihre Mithilfe. Antigone ist entschlossen, dem Götterwillen, der die Bestattung des Toten als heiliges Gesetz ansieht, öffentlich Folge zu leisten und den Tod als Konsequenz ihres Handelns in Kauf zu nehmen.

Parodos (V. 100 ff.) Chor

Im Einzugslied begrüßt der Chor der Ältesten den anbrechenden Tag, der dem Abzug der Feinde folgt. Rückblickend beschreibt er den Angriff des Polyneikes auf die Stadt, den Tod des prahlenden

Antigone und Ismene, Aufführung in Chemnitz 1976 © Cinetext/ Gemarius de Kepper

Kapaneus, der bereits die Stadtmauer erklommen hat, und den tödlichen Zweikampf der Brüder. Abschließend lobt er die Siegesgöttin Nike und kündigt ein Fest zu Ehren des Dionysos an, das den vergangenen Krieg vergessen machen soll. Die letzte Strophe der Parodos meldet die Ankunft Kreons, der die Zusammenkunft der Ältesten veranlasst hat.

Zunächst stellt Kreon klar, dass er als nächster männlicher Verwandter der Gefallenen das Recht habe, die Regierungsgeschäfte zu übernehmen. In einer Art **„Regierungserklärung“** betont er seine Grundsätze: das Festhalten an einmal für richtig erachteten Beschlüssen, die Gleichbehandlung von Freunden und Untergebenen und die Abwendung von allem Schaden von der Stadt. Im Sinne dieser Prinzipien ergeht sein erster Erlass: Da ein Feind der Stadt niemals als Freund behandelt werden dürfe, müsse dem Polyneikes die Bestattung versagt bleiben. Eteokles aber, der sein Leben bei der Abwehr des Angriffs verloren hat, erhalte alle Ehren des Begräbnisses.

1. Epeisodion (V. 162 ff.) Kreon, Chor, Wächter

Kreon bittet den Ältestenrat um Unterstützung seiner Entscheidung, der Chor erkennt die Herrschermacht an, die hinter dem Edikt steht. Der Aufforderung, keinem Nachsicht zu schenken, der sich dem Edikt widersetze, entgegnet der Chor mit der **ausweichenden Antwort**, dass angesichts der zu erwartenden Todesstrafe nur ein Narr solche Tat ausführen würde.

Der Chor weicht aus

Zu diesem Zeitpunkt ist gegen die Verordnung des neuen Herrschers bereits verstoßen worden: Der auftretende Wächter, der die symbolische Bestattung des Leichnams Polyneikes’ meldet, hat offensichtlich Angst davor, von Kreon für seine Unachtsamkeit bestraft zu werden. Der Chor äußert angesichts der Tatsache, dass der Urheber der Tat unerkannt bleibt, die Vermutung, es könne ein **Gott** gewesen sein, der den Staub auf den Leichnam gestreut hat. Kreon bestreitet diese Vermutung vehement und lastet einer **poli-**

Wer verstößt gegen das Gesetz?

tischen Oppositionsbewegung diese Tat an. Dem Wächter stellt er die Todesstrafe in Aussicht, sollte er den Täter nicht ergreifen.

Angesichts der Entschlossenheit, mit der Kreon die Regierungsgeschäfte übernimmt und die erste Verordnung erlässt, stimmt der Chor das erste **Standlied über die Macht des Menschen** an.

Stasimon (V. 332 ff.) Chor

„Ungeheuer ist viel und nichts/ ungeheurer als der Mensch." (V. 332 f.)

Im ersten Standlied lobt der Chor den **Menschen als Beherrscher der Natur**. Er befährt trotz Sturmes das Meer, bestellt das Feld, Tiere jagt er oder macht sie sich nutzbar. Der Mensch ist ein sprachbegabtes, denkendes Wesen, das in sich den Wunsch nach einer staatlichen Ordnung trägt. Auf alles, was kommt, weiß der Mensch einen Rat; selbst die Medizin aber kann ihn nicht befreien von der Tatsache, dass er sterben muss. Der Mensch wird als Wesen beschrieben, dass sich immer wieder zwischen Gut und Böse entscheiden muss. Gesellschaftliche Anerkennung erlangt er, wenn er die göttlichen und staatlichen Gesetze befolgt. Verstößt er gegen das Recht, wird ihm Missachtung zuteil.

Die letzten Verse leiten thematisch über zum Auftritt der auf frischer Tat ertappten Antigone. Die Ältesten können es kaum fassen, dass Antigone das Gesetz des Kreon übertreten haben soll.

2. Epeisodion (V. 376 ff.) Chor, Wächter, Kreon, Antigone, Ismene

Derselbe Wächter, der im 1. Epeisodion die Nachricht von der **symbolischen Bestattung** des Polyneikes gebracht hat, führt triumphierend die Täterin vor Kreon und berichtet ihm von der Ergreifung der Antigone: Zusammen mit den anderen Wächtern habe er zunächst den Staub von der Leiche entfernt. Um die Mittagszeit sei dann ein Sturm aufgekommen, der sie gezwungen habe, die Augen zu schließen. Nach dem Abflauen des Sturms haben sie Antigone auf frischer Tat ertappt, als sie gerade dabei war, die Begräbnisrituale zu zelebrieren. Am Ende seines Berichtes äußert er zwar Bedauern darüber, dass er Menschen ins Unglück

Antigone (Anna Blomeier) und Kreon (Jörg Pose); Inszenierung am Thalia-Theater Hamburg 2005 © Cinetext/ Haeselich

bringen muss, denen er wohl gesonnen ist; das eigene Leben sei ihm angesichts der Drohung mit der Todesstrafe doch wichtiger gewesen.

Antigone gesteht ihre Tat

Antigone gesteht, dass sie Polyneikes trotz des Verbotes zweimal bestattet hat. Kreon schickt den Wächter hinaus, um mit ihr **allein** zu sprechen.

Auf den Vorwurf, sein Gesetz übertreten zu haben, antwortet Antigone mit dem Hinweis auf das **höher zu bewertende göttliche Gesetz**, das die Bestattung eines Toten vorschreibt und gegen das sie nicht habe verstoßen wollen. Außerdem sei es die **Pflicht eines Familienangehörigen**, die eigenen Toten zu begraben.

Der Chor kommentiert die Rede mit dem Verweis auf ihren Vater Ödipus, dessen **Charakterfestigkeit** sie besitze.

Kreon entgegnet, **Antigone müsse dem erlassenen Gesetz gehorchen**; ihre Haltung würde als **Überheblichkeit** ausgelegt, die er als Herrscher ungeachtet der engen verwandtschaftlichen Bindung sanktionieren müsse. Eine positive Interpretation ihrer Tat, so wie sie Antigone entwirft, lässt er nicht zu. Ihr Vergehen müsse daher die Todesstrafe zur Folge haben.

Todesstrafe für Antigone

Antigone argumentiert in der folgenden Stichomythie (Wechselrede) mit der **öffentlichen Meinung**, die auf ihrer Seite stehe, und mit der Familienpflicht. Kreon hebt hervor, dass Polyneikes ein Feind der Stadt gewesen sei.

Was geschieht mit Ismene?

Kreon lässt Ismene rufen, die er der Mittäterschaft verdächtigt. Ismene gibt eine Beteiligung an der Tat aus Solidarität mit Antigone zu, doch Antigone weist diesen Anspruch auf Beteiligung mit dem Verweis auf ihre Weigerung zurück. Daraufhin appelliert Ismene an Kreon, den eigenen Sohn nicht der Braut zu berauben. Für Kreon jedoch ist Antigone nur eine potentielle Braut neben anderen; außerdem lege er als Vater Wert darauf, dass sein Sohn eine gute Wahl treffe. Der Tod Antigones löse den Bund zwischen ihr und Haimon.

Die Szene endet mit dem Befehl Kreons, die Schwestern in Fesseln zu legen.

Das zweite Standlied thematisiert die **Ohnmacht des Menschen**. Anlass dazu gibt die Ergreifung Antigones und die Verhängung des Todesurteils über sie.

2. Stasimon
(V. 583 ff.)
Chor

Die Meeresmetaphorik aus dem ersten Stasimon wird aufgriffen und umgedeutet zu einem Symbol für die zerstörerische Kraft der Elemente. Genauso wie dieser Kraft ist der Mensch dem von Göttern auferlegten Familienfluch ausgeliefert, der Unheil über das Leben bringt. In der ersten Gegenstrophe wird die Labdakidenfamilie als Beispiel des göttlichen Geschlechterfluchs genannt, dem Antigone zum Opfer fällt.

Meeresmetaphorik

Fluch des Labdakidengeschlechts

Im zweiten Strophenpaar wird zunächst die **Allmacht des Zeus** gepriesen, der ewig jung bleibt und regiert. Dem ewig gültigen Gesetz, dass Unheil das menschliche Leben begleitet, kann sich kein Mensch entziehen. In der Gegenstrophe wird vor der Verblendung gewarnt. Hoffnung kann als Trost und als Täuschung; auch das Schlechte kann kurzfristig als gut erscheinen. In dieser Situation haben die Götter den Menschen bereits mit Unheil überzogen, das bald daraufhin erkennbar wird.

Götter strafen

Die Ankündigung des Unheils, das auch die vermeintlich gute Handlung nach sich ziehen kann, lässt sich in der aktuellen Situation der Tragödie auf Antigone und Kreon übertragen, die beide von der Richtigkeit ihres Standpunktes überzeugt sind.

Kreons Standpunkt wird in dem Gespräch mit seinem Sohn Haimon aus einem neuen Blickwinkel heraus beleuchtet.

3. Epeisodion
(V. 628 ff.)
Chor, Kreon,
Haimon

Zunächst versichert Haimon seinem Vater, dass er ihm als Sohn gehorsam sein werde, wenn er von ihm auf den richtigen Weg geführt wird. Die **versteckte Anspielung** auf die Frage nach der **Legitimität der Entscheidung** hört Kreon nicht heraus, der zusammen mit dem Chor darauf vorbereitet ist, dass Haimon aus Schmerz um seine Braut zum Vater kommt.

In einer 42 Verse umfassenden Grundsatzerklärung legt Kreon seinem Sohn die Bedeutung von unbedingtem Gehorsam dar:

Kreon belehrt seinen Sohn Haimon

- → Das Verhältnis von Vater und Sohn ist durch Befehl und Gehorsam bestimmt (vgl. V. 639–647).
- → Haimon soll auf Antigone verzichten, die ihre Schlechtigkeit durch Gehorsamsverweigerung offenbart hat (vgl. V. 648–654).
- → Antigone ist die Einzige in der Stadt, die den notwendigen Gehorsam schuldig geblieben ist; daher ist das Todesurteil notwendig, um die Prinzipientreue des neuen Herrschers unter Beweis zu stellen (vgl. V. 655–660).
- → Der gute Bürger folgt den Gesetzen des Herrschers, ob sie gerecht oder ungerecht erscheinen. Anarchie würde zur Auflösung der Gesellschaft führen (vgl. V. 661–676).
- → Das, was Ordnung schafft, muss geschützt werden. Ein Mann darf sich die politische Macht keinesfalls von einer Frau nehmen lassen (vgl. V. 677–680).

Der Chor lobt die Ausführungen Kreons als **vernünftig**.

Haimon bestätigt die Richtigkeit von Kreons Argumenten. Da der Herrscher beim Volk gefürchtet sei und es niemand wage, eine gegensätzliche Meinung vorzutragen, sei es seine, Haimons, Aufgabe, Kreon darüber aufzuklären, dass das Volk die Tat Antigones als lobenswert und ruhmvoll erachte. Haimon unterstreicht, dass ihm das Glück des Vaters am Herzen liege, und er appelliert an ihn, nicht nur eine Meinung gelten zu lassen. Seine Rede gipfelt in der Mahnung, die Vernunft zu gebrauchen und zu lernen.

Der Chor gesteht auch Haimon zu, vernünftig gesprochen zu haben.

Stichomythie

In der nachfolgenden Stichomythie gewinnt der Dialog an Schärfe: Kreon will in der Sache nicht nachgeben, weil er damit einen Gesetzesverstoß legitimieren würde. Wenn er auf das Volk und seine Meinung hörte, dann wäre er nicht mehr der Herrscher, dessen Eigentum der Staat sei. Haimon hält dagegen, dass ein Herrscher nicht gegen sein Volk regieren kann. Außerdem erwähnt er das **Göttergebot**, das die **Bestattung vorschreibt**. Kreon dagegen wirft ihm vor, sich zum Sklaven einer Frau zu machen. In seinem Zorn befiehlt er die sofortige Hinrichtung Antigones vor den Augen Haimons. Haimon stürzt davon; seine Ankündigung, Kreon werde ihn niemals mehr sehen, deutet auf seinen Selbstmordplan hin.

Göttergebot gegen menschliches Gesetz

Nach dem Abgang Haimons eröffnet Kreon dem Chor, dass er für Antigone den Tod in einem Felsengrab vorgesehen habe, damit die Stadt sich nicht mit der Schuld an ihrem Tod befleckt; Ismene dagegen spricht er frei.

3. Stasimon (V. 781 ff.) Chor

Der **Hymnus auf den Liebesgott Eros** zeigt, dass der Chor das Auftreten Haimons und damit den Zusammenstoß mit seinem Vater auf seine Liebe zu Antigone zurückführt.

In der ersten Strophe besingen die Ältesten die **Macht des Eros**, die unabhängig von Landes- oder Meeresgrenzen Menschen wie Götter erfasst und ihnen die Sinne verwirrt. In der Gegenstrophe wird gezeigt, wie selbst Gerechte unter seiner Macht in Ungerechtigkeit verfallen, wie Familienbande sich lösen. Eros ist unbesiegbar, das ist die Grundaussage des Standliedes.

Eros

Ziel des 3. Stasimon ist es, das **ohnmächtige Ausgeliefertsein des Menschen** darzustellen, der durch die Götter auch auf falsche Wege geführt werden kann.

4. Epeisodion (V. 800 ff.) Antigone, Chor, Kreon

Die Totenklage (der Kommos) Antigones macht die Einsamkeit deutlich, in der sie sich kurz vor dem Betreten der Grabkammer befindet. Sie klagt den Ältesten, dass sie das Glück der Vermählung nicht wird erfahren dürfen, worauf ihr der Chor entgegnet, dass sie dafür in hohem Ansehen stehend und in freier Entscheidung in den Tod geht. Antigone vergleicht sich mit Niobe: Der Sage nach verspottet Niobe die Göttin Leto, weil sie nur zwei Kinder hat. Zur Strafe töten Apoll und Artemis die sieben Kinder Niobes, die aus Schmerz um den Tod ihrer Kinder zu Stein erstarrt. Der Chor weist Antigone darauf hin, dass Niobe aus göttlichem Geschlecht stammt, während Antigone menschlich ist. Dennoch werde sie geehrt und erfahre diese Ehrung noch im Leben.

Antigone klagt

Antigone: „Und mein Los beklagt/ keines Freundes Träne." (V. 881 f.)

Antigone fühlt sich verspottet; sie stimmt dem Chor in der Vermutung zu, dass der Labdakidenfluch auch sie ergriffen habe. Der Chor unterstreicht am Ende des Klagelieds nochmals seine anfänglich geäußerte Überzeugung, dass es Antigones eigene Entscheidung gewesen sei, die sie nun in den Tod treibe. „Unbeweint, ungeliebt, unvermählt" (V. 877) sei sie, so klagt Antigone im letzten Wechselgesang des Kommos, bevor es zur abschließenden Auseinandersetzung zwischen ihr und Kreon kommt.

Kreon befiehlt die Ausführung des Urteils, die Einmauerung Antigones, ohne Verzögerung vorzunehmen.

Antigone hofft auf das Jenseits

Antigone bezeichnet in Anlehnung an ihre vorangegangenen Ausführungen ihr **Grab als „Brautgemach"** (V. 891) und erwartet, dass sie von ihren verstorbenen Familienangehörigen, denen sie selbst die Bestattungsehren erwiesen hat, in Liebe empfangen wird. Das folgende so genannte **Enthymem** (ein verkürzter Syllogismus, bei dem ein Vordersatz „in Gedanken" zu ergänzen ist; vgl. V. 904–920), in dem sie den Vorrang der Bruderliebe vor der Gattenliebe betont und behauptet, dass sie für den Gatten nicht in den Tod gehen würde, ist in seiner Echtheit schon von Goethe als

„dialektische(s) Kalkül"[2] bestritten worden; es lässt sich allerdings auch verstehen als die Suche Antigones nach einem Trost dafür, dass ihr die Ehe versagt bleibt. Die Klage mündet in die Frage, gegen welches göttliche Gesetz sie verstoßen habe in dem Glauben, richtig, d. h. nach dem Gesetz der Götter, gehandelt zu haben. Der innere Zweifel belegt die Einsamkeit Antigones, die sich von denen verlassen fühlt, deren Gesetze sie befolgt.

Antigone ist einsam

Kreon fordert sie auf, jegliche Hoffnung auf Rettung aufzugeben, bevor er die Ausführung des Urteils befiehlt.

4. Stasimon (V. 944 ff.) Chor

Der Chor der Ältesten besingt – **möglicherweise in tröstender Absicht** – im vierten Standlied das **Schicksal mythischer Gestalten**, die wie Antigone eingesperrt wurden: Danae, die Tochter von **König Akrisios von Argos**, wurde von ihrem eigenen Vater in einem Turm eingeschlossen, nachdem ihm vom Orakel von Delphi prophezeit worden war, sein eigener Enkel werde ihn töten. Zeus nahte sich Danae in einem goldenen Regen und zeugte mit ihr den Helden Perseus.

Beispiele aus der Mythologie

Lykurg erlitt in einer Felsenhöhle, wahnsinnig geworden, den Hungertod, nachdem er Dionysos verspottet und die Mänaden, die den Gott anbetenden Frauen, und die Musen, die Gefährtinnen des Gottes, verhöhnt und misshandelt hat.

Der Mythos ist bekannt

König Phineus heiratete Kleopatra, die Tochter des Windgottes Boreas, und hatte mit ihr zwei Söhne. Auf Veranlassung seiner zweiten Frau, Idaia, verstieß er Kleopatra; ihre Söhne wurden geblendet und in einem Felsengrab dem Hungertod preisgegeben.

Der mythologische Kontext ist den Zuschauern klar; sie können ihn entweder als Trost spendenden Grabgesang auf Antigone verstehen – die leidende Danae wird schließlich durch göttliches

———

2 Grumach (Hrsg.), *Goethe und die Antike*, S. 264 f.

Wirken erhöht, die Brüder der Kleopatra rächen ihre Schwester – oder als eine Vorausdeutung auf die am Ende sich vollziehende Erkenntnis Kreons: Der rasende König Lykurg kommt durch göttliches Einwirken zur **Einsicht**.

5. Epeisodion (V. 988 ff.) Teiresias, Kreon, Chor

Der Auftritt des blinden Sehers **Teiresias**, der von einem Knaben geführt wird, hält die von Kreon ausgelöste Katastrophe zwar nicht mehr auf, er bewirkt aber insofern eine Peripetie, als Kreon nach dem Gespräch mit dem Seher erfolglos versucht, die tödlichen Folgen seiner Entscheidung zu verhindern. Am Ende des Dramas tritt der gebrochene König auf, der – wie im vierten Stasimon thematisch angedeutet – zur **Einsicht in sein Fehlverhalten** kommt.

Kreons Einsicht? Gespräch mit dem Seher Teiresias

Teiresias berichtet Kreon zunächst von seinem Opfer, das von den Göttern nicht erhört worden sei. Er interpretiert diesen Befund als Aufforderung an Kreon, endlich zur Einsicht zu kommen und den Toten zu bestatten.

Kreon vermutet hinter dem Appell **Gewinnsucht**. Seiner Meinung nach haben Seher nur materielle Interessen. Selbst wenn Tiere Leichenteile vor den Altar des Zeus tragen würden, würde er nicht von seinem Bestattungsverbot absehen. In dieser **Gotteslästerung ist der eigentliche Höhe- und Wendepunkt der Tragödie** erreicht; die letzte Möglichkeit für Kreon, die Folgen seiner Entscheidung abzuschwächen, ist verstrichen.

In einer schnellen Wechselrede (Stichomythie) eskaliert die Auseinandersetzung zum Streit, weil Kreon Teiresias **Gewinnstreben** vorwirft, während es dem Seher uneigennützig um eine **Verhaltensänderung des Herrschers** geht.

Kreon lässt sich nicht überzeugen

Die Verstocktheit Kreons macht den Seher so wütend, dass er Kreon nicht nur warnt, sondern eine konkrete Prophezeiung enthüllt: Kreon werde in kurzer Zeit einen Angehörigen verlieren, weil er Polyneikes die Bestattung verweigert und Antigone unschuldig zum Tode verurteilt hat. Der Kern seiner Argumentation ist Kreons Verstoß gegen göttliche Gebote; daher werden ihn die Rachegöttinnen, die Erinnyen, verfolgen.

Kreon gibt nach

Nach dem Abgang des Sehers erhält der sichtlich erschütterte Kreon vom Chor den Rat, Antigone zu befreien und Polyneikes zu bestatten. Seine letzten Worte vor dem Abgang deuten an, dass er aus Angst vor den Folgen einer Missachtung von bestehenden göttlichen Gesetzen nun **gehorchen** will.

5. Stasimon (V. 1115 ff.) Chor

Dass der Chor wie Kreon die **Hoffnung** hegt, alles könnte sich noch **zum Guten wenden**, macht das fünfte Chorlied deutlich: Die Ältesten stimmen einen Anrufungshymnus auf den Gott Dionysos als Schutzherrn Thebens an und bitten um Entsühnung der Stadt: In der ersten Strophe sprechen sie ihn mit verschiedenen Kultnamen an. Da die Mutter des Dionysos, Semele, aus Theben stammt, gilt die Stadt als seine Heimat. In der zweiten Strophe werden die von ihm besonders bevorzugten Orte genannt; in der folgenden Strophe erfleht der Chor mit dem Verweis auf frühere Hilfeleistungen den Beistand des Gottes. In der letzten Strophe wird mit vier Ausrufen das Kommen des Gottes herbeigesehnt; in einem **dionysischen Freudentaumel** endet der Hymnus.

Dionysos soll kommen

Das fünfte Stasimon steht sowohl im **Kontrast** zur Handlung des vierten Epeisodions als auch zu den Ereignissen in der folgenden Exodos: Als Reaktion auf die Prophezeiung des Teiresias legt es die mangelnde Erkenntnis der Ältesten in die **Unabwendbarkeit der Prophezeiung** offen; im Hinblick auf die folgende Exodos wird die Kontrastwirkung dadurch erzielt, dass statt der erhofften Ankunft des Retters Dionysos der Bote mit der **Nachricht vom Tode Haimons** auf die Bühne kommt.

Haimon ist tot

Schlussszene – Exodos (V. 1155 ff.) Chor, Eurydike, Kreon, Bote

Die Schlussszene präsentiert in **drei Bildern** die **Vernichtung Kreons und seiner Familie**.

1. Bild: Zunächst räsonniert der Bote über die Macht des Schicksals, das Glück und Unheil bescheren kann. Er teilt dem Chor dann mit, dass **Haimon sich selbst getötet** hat, worauf der Chor sich betroffen an die Prophezeiung des Teiresias erinnert.

Drei Bilder der Vernichtung

2. Bild: Eurydike, die aus dem Haus kommt, hat die Nachricht vom Tod ihres Sohnes bereits gehört und verlangt vom Boten Aufklärung über den Hergang des Geschehens. Der Bote berichtet, dass er zusammen mit Kreon zunächst Polyneikes bestattet hat, um dann zur Felsengruft Antigones zu eilen. Dort habe man **Antigone in einer Schlinge erhängt** gefunden. Der klagende Haimon habe sich mit einem Schwert zunächst auf den fliehenden Kreon gestürzt, sich dann aber selbst den Tod gegeben. Nach dieser Schilderung verlässt Eurydike wortlos die Bühne.

3. Bild: Der Chor kommentiert den Auftritt Kreons, der mit Haimons Leiche auf die Bühne kommt, mit dem Hinweis auf das selbst verschuldete Unheil, das den Herrscher getroffen hat. Im Kommos (Totenklage) sieht Kreon ein, dass er zu spät Einsicht gezeigt hat. Der Bote bringt ihm die Nachricht vom **Tode seiner Frau**, die ihrem Gatten noch im Sterben die Schuld für die Vernichtung der Familie angelastet habe. Kreon wünscht sich daraufhin den Tod, doch der Chor weist ihn auf die Macht des Schicksals hin, der sich auch Kreon unterzuordnen habe.

Die Lehre des Stückes

Die Tragödie schließt mit der **Lehre**, vorgetragen vom Chor: **Er lobt die Besonnenheit und verlangt die strikte Einhaltung der göttlichen Gesetze.**

Der Chor hat somit die Wendung auf die Seite Antigones vollzogen und erkennt indirekt die höhere Legitimation ihrer Tat mit den Schlussversen an.

3.4 Personenkonstellation und Charakteristiken

ZUSAMMEN-FASSUNG

Die *Antigone* ist im Wesentlichen ein Zweifigurendrama; der Konflikt zwischen Kreon und Antigone entzündet sich am Problem des Bestattungsverbotes. Die Charaktere entwickeln sich im Hinblick auf die eingenommene Position zum Bestattungsverbot:

Antigone:
- → beruft sich auf göttliches Recht.
- → bereit zur Selbstaufopferung
- → wirkt auch unbesonnen.

Kreon:
- → absolutistischer Herrscher
- → Unbestechlichkeit und Unabhängigkeit als oberste Prinzipien seines Handelns
- → weicht nur gezwungenermaßen der göttlichen Macht.

Teiresias:
- → gottesfürchtig
- → unbestechlich

Haimon:
- → demokratische Ideen
- → gehorsam
- → Sorge um seinen Vater Kreon

Ismene:
- → ängstlich
- → hat Mitleid mit Antigone

Zweifigurendrama

Antigone als Zweifigurendrama

Die *Antigone* stellt sich im Wesentlichen als ein Zweifigurendrama dar; um den Konflikt zwischen Antigone und Kreon wegen der Frage des Bestattungsverbotes gruppieren sich die anderen Figuren, wobei sich die Haltung von Kreon und Antigone zu diesen anderen Figuren daran entscheidet, wie jene zu der Bestattungsfrage stehen.

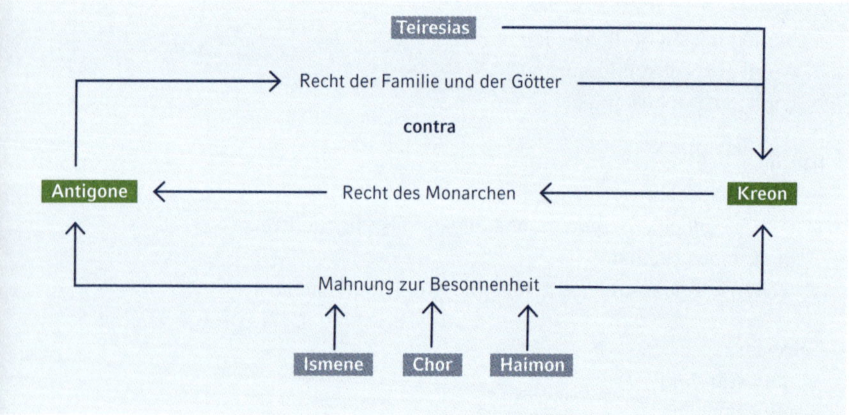

Kreon

Sowohl **Kreon** als auch **Antigone** berufen sich zur **Begründung ihrer Haltung auf Recht und Gesetz.** In seiner „Regierungserklärung“ führt der gerade neu eingesetzte Herrscher aus, dass es das Recht und die Pflicht des Monarchen sei, das zu tun, was seiner Meinung nach Schaden von der Stadt abwende: „Ich schweige niemals, wenn ich statt des Heils/das Unheil meinem Volke nahen sehe.“ (V. 185 f.) Aus diesem Grund lässt er Antigone außerhalb der Stadt einmauern, versorgt sie aber gleichzeitig mit Nahrungsmitteln (vgl. V. 775), weil er hofft, die Stadt von der Schuld an ihrem Tode zu entlasten: „Vom Grabgewölbe lasst, wie ich befahl,/ sie dort allein, ob sie nun sterben möchte,/ob weiterleben unter solchem Dach./So sind wir unbefleckt von ihrem Tod,/das Wohnrecht nur hier oben ist sie los." (V. 885–890)

Kreon fordert Gehorsam ein

Der Monarch muss seiner Meinung nach **Gehorsam** fordern (vgl. V. 656), er hat willensstark zu sein und darf seine Verwandten und Freunde nicht anders behandeln als seine Untertanen:

> „Für mich ist einer, der ein ganzes Volk/zu führen hat und nicht an seinen besten/Entschlüssen festhält, sondern ängstlich schweigt,/ein Feigling, und so dachte ich schon immer/ wem aber höher als sein Vaterland/die Freunde stehn, der ist für mich nichts wert." (V. 178–183)

Polyneikes habe sich durch seinen Angriff auf die Stadt als Feind erwiesen, daher verweigert Kreon ihm die Bestattung: „Und zu keiner Zeit/werd ich den Schlechten vorziehn dem Gerechten./Wer aber einsteht für sein Volk, der wird/von mir geehrt im Leben und im Tod." (V. 207–210)

Konflikt zweier plausibler Prinzipien

Diese Grundsätze klingen als Prinzipien für absolutistische Herrschaft nicht nur plausibel, sie drücken auch ein hohes Verantwortungsgefühl gegenüber dem Gemeinwesen aus. Die dichterische Kunst des Sophokles besteht darin, dass er diese Prinzipien mit anderen, gleichfalls einleuchtend erscheinenden Prinzipien in einen Konflikt bringt und dadurch ihre Schwachstellen aufzeigt.

Dass **Kreons Staatsauffassung absolutistisch** geprägt ist, zeigt sich bereits zu Beginn, wenn er sein Regierungsprogramm mit der Formel: „Das ist mein Wille" (V. 207) beschließt. Diese Aussage bedeutet nichts anderes, als dass er allein dazu befugt ist, nach keinem anderen Maßstab als dem eigenen Gutdünken über das Wohl des Staates zu bestimmen. Kritik erfährt Kreon zunächst nicht; der Rat der Ältesten reagiert auf seine Erklärung mit dem Hinweis auf die Souveränität des Herrschers – er vermeidet eine Stellungnahme zum Inhalt seiner Rede. Neben Antigone ist es später Haimon, der versucht, Kreon die Schwachstellen seiner Herrschaftsauffassung – allerdings erfolglos – zu verdeutlichen.

Kritik an Kreon

Vom Ende her betrachtet erweist sich Kreons Vorstellung von Souveränität als tödlich; dabei wird sich Kreon anfangs untreu, als es erstmals um die Anwendung seiner Prinzipien an einem konkreten Fall geht: Entgegen seinem eigenen Grundsatz, Familienmitglieder nicht zu bevorzugen, gibt er Antigone eine Chance, durch eine entsprechende Antwort der Verurteilung zu entgehen. Obgleich die Aussage des Wächters Antigones Schuld bereits erwiesen hat, soll sie die Tat ausdrücklich gestehen (vgl. V. 442); dann baut er ihr gewissermaßen eine argumentative „Brücke", wenn er sie fragt, ob sie überhaupt von dem Verbot Kenntnis gehabt habe: „Du aber sag mir – ohne Umschweife, kurz:/Hast du gewusst, dass es verboten war?" (V. 446 f.)

Antigones Chance

Erst die **Unbeugsamkeit Antigones** (V. 471: „Des Vaters trotzige Art verrät das Kind") lässt ihm keine andere Wahl, als konsequent seinen Regierungsprinzipien zu folgen und somit ein Mitglied seiner eigenen Familie zum Tode zu verurteilen. Die **Verurteilung** wird zusätzlich **mit zwei Argumenten** untermauert: **Antigones Ungehorsam** macht die Verhängung einer Strafe notwendig, weil einmal erlassene Gesetze unter allen Umständen einzuhalten sind; zum anderen erkennt Kreon die Notwendigkeit einer Strafe, will er sich als Mann nicht dem **Vorwurf** aussetzen, **von einer Frau „regiert" zu werden**. **Unbestechlichkeit und Unabhängigkeit** sind für Kreon die obersten Maxime, die er auch seinem Sohn **Haimon** verständlich machen will. Er darf als Monarch und Vater Gehorsam

Antigones Ungehorsam

von seinem Sohn fordern, auch wenn Entscheidungen das persönliche Glück des Betroffenen beeinträchtigen.

Kreon und Haimon

Haimons Sorge

Haimon versichert seinem Vater, gehorsam zu sein (vgl. V. 635); dies ist überraschend, weil Chor und Kreon als Grund für sein Kommen die Sorge um Antigone vermuten. Es ist vielmehr die Sorge um den Vater und die öffentliche Meinung über ihn, die Haimon umtreibt: „Mir fällt es zu, für dich zu wachen, was man/so sagt und tut und auszusetzen hat./Dir ins Gesicht wagt der gemeine Mann/nicht auszusprechen, was du nicht gern hörst.“ (V. 688–691) Haimon will seinem Vater bei der Findung des richtigen Urteils helfen; seiner Meinung nach entscheidet sich die Richtigkeit eines Urteils daran, ob auch die **Stimme des Volkes** berücksichtigt worden ist (vgl. V. 733). Kreon versteht diese Auffassung allerdings als einen Machtverlust: „So sagt das Volk mir, was ich soll befehlen?“ (V. 734)

Haimon als „Demokrat“

Haimons Auffassung ist demokratisch, wenn er sich mit der Ansicht, dass der Staat nicht einem Monarchen allein gehört (vgl. V. 737), gegen seinen Vater stellt: „Allein herrschst du am besten in der Wüste.“ (V. 739) Darauf weiß Kreon kein Gegenargument; er unterstellt seinem Sohn Eigeninteresse und mangelnde Eigenständigkeit, weil dieser sich von Antigone beeinflussen lasse. Schließlich eskaliert der Streit in der **Selbstmordandrohung Haimons** (vgl. V. 753). Das Gespräch, in dem Haimon seinem Vater aus politischen Gründen zur **Besonnenheit** rät, scheitert am Starrsinn (V. 765: „Wahnsinn“) Kreons, der ein Einlenken in der Sache nicht zulässt. Seine Auffassung ist streng absolutistisch: „Gilt nicht der Staat als Eigentum des Fürsten?“ (V. 738), ein Infragestellen der von ihm zum Wohle der Polis erlassenen Gesetze ist unzulässig, **Unbestechlichkeit und Prinzipientreue** in jeder Lebenslage sind die obersten Tugenden. Kreons Haltung scheint sich durchzusetzen, Antigone wird zur Hinrichtung geführt; erst der Auftritt des Sehers bringt dann eine Veränderung. Welche Gründe dazu führen, dass er von seinem Grundsatz der Prinzipientreue abweicht, soll im Folgenden untersucht werden:

Kreon und Teiresias

Kreon wird Prinzipien untreu

Kreon hat **Haimon** vorgeworfen, sich in den **Dienst seiner Liebe zu Antigone** zu stellen; dem blinden Seher **Teiresias** wirft er vor, seine Liebe zum Geld führe ihn zu ihm. Beide Vorwürfe sind unsachlich und geben ein Beispiel für die Verblendung des Herrschers.

Wie Haimon beginnt Teiresias seine **Ansprache ruhig, aber eindringlich**. Der **Vorwurf der Geldgier** reizt ihn und beweist ihm gleichzeitig die mangelnde Einsicht des Herrschers, sodass er das Ergebnis der Opferschau als einen Verstoß des Herrschers gegen heilige Gesetze besonders klar herausstellt: Kreon werde in kurzer Zeit den Tod enger Familienagehöriger zu betrauern haben:

Prophezeihung

> „(…) Nicht viele Kreise/vollendet schnellen Laufs der Sonne Rad,/da gibst du einen deines eignen Bluts/als Sühne für die Toten in den Tod,/weil du der Oberen eins hinabgestoßen,/ein Leben ehrfurchtlos ins Grab verbannt,/und einen vorenthältst den Göttern drunten,/entweiht, entheiligt, ohne Grab, den Toten!“ (V. 1064–1071)

Teiresias beruft sich auf die unteren Götter, die ein Recht auf den Toten haben; die Missachtung des Rechtes werde dazu führen, dass die Rachegöttinnen Kreon verfolgen werden (vgl. V. 1075 f.).

Unbesonnenheit

Hat Haimon die **Unbesonnenheit des Vaters** noch mit **„Wahnsinn“** bezeichnet, so steht in dem letzten Satz des Sehers eine ähnliche Wertung in der Prophezeiung, dass Kreon binnen kurzem

Besonnenheit lernen werde: „Bald lernt er seine Zunge mäßigen/ und eines bessern Geistes sein als jetzt." (V. 1089 f.)

Nach dem Abgang des Sehers erkennt Kreon, dass die Situation eine **Verhaltensänderung** erfordert: „Nachgeben? Schrecklich! Aber bleib ich fest,/schlägt mich das Unheil noch viel schrecklicher!" (V. 1096 f.) Das Verlassen eines einmal eingenommenen Standpunktes fällt ihm schwer: Nachdem der Chor ihm den Rat gegeben hat, Polyneikes zu bestatten, macht er klar, dass ein Nachgeben Selbstverleugnung bedeutet, Handeln wider die eigenen Grundsätze: „Kaum kann ich`s./Ich verleugne mich und tu's./Weh dem, der kämpft mit der Notwendigkeit." (V. 1105 f.)

Kreons Eingeständnis der Schuld?

Schließlich gibt er doch nach, **weil er einsehen muss, dass er einer höheren Gewalt, den Göttern, gegenübersteht.** Ansatzweise mag man auch ein **Eingeständnis eigener Schuld** erkennen (vgl. V. 1318 f.). Im Abgang noch erneuert er seine Vorstellung vom Gehorsam gegenüber bestehenden Gesetzen: „Es ist das Beste, fürcht ich, treu zu bleiben/bestehenden Gesetzen bis zum Tod" (V. 1114); damit meint er, dass er selbst die Konsequenzen seiner nicht dem Götterwillen gemäßen Gesetze tragen will. Ausdrücklich lässt sich aber keine inhaltliche Änderung im Vergleich zu seiner Regierungserklärung feststellen: Er weicht nur **gezwungenermaßen** höherer Macht. Der Tod der Angehörigen vernichtet auch seine Existenz: „Ich sehe keinen Weg, nichts, was mich hält./Nur Wankendes greif ich. Aufs Haupt/brach mir untragbares Schicksal." (V. 1342–1346)

Kreon bleibt als gebrochener Mann zurück. Seiner Haltung fehlt die Besinnung auf das, was die Götter wollen – das ist ein Vorwurf, der übrigens auch von Haimon geäußert wird (vgl. V. 705 ff.). Die **Auflehnung gegen göttliche Gebote** ist nichts anderes als Überheblichkeit, verlangt wird aber Gehorsam: Nach dem gleichen Muster versucht Kreon zu regieren, ironischerweise wird er

Gehorsam gegenüber den Göttern

am Ende selbst das Opfer dieses Prinzips, wenn seine Haltung als Überheblichkeit qualifiziert wird.

Dramaturgisches Prinzip der Doppelung

Darüber hinaus wird die Überheblichkeit Kreons dramentechnisch durch das **Prinzip der Doppelung** hervorgehoben, d. h., dass wesentliche Ereignisse zweimal stattfinden: Zweimal führt Antigone ihre Tat aus, zweimal kommt der Wächter zu Kreon, zweimal treffen Antigone und Ismene aufeinander, mit Haimon und Teiresias wird zweimal der gleiche Gesprächsverlauf dargeboten, nicht nur der eigene Sohn, sondern auch die Ehefrau beenden mit eigener Hand ihr Leben.

Antigone

Es ist die Überzeugung der **Antigone**, dass Polyneikes „nach Recht und Sitte“ (V. 23) bestattet werden muss. Antigone will, dass ihre Familie im Tode zusammengeführt ist; sie bezeichnet das als ein **heiliges Gesetz der Götter** (vgl. V. 77). So fordert sie **Ismene** auf, ihr bei der Erfüllung dieser heiligen Pflicht behilflich zu sein; **Ismene rät aber zur Besonnenheit** und erinnert die Schwester an das tödliche Schicksal der Familie (vgl. V. 50–60). Vor allem aber hat Ismene vor den Folgen der verbotenen Handlung Angst; sie will daher das Machtwort akzeptieren. Die Distanzierung Ismenes führt dazu, dass sie von Antigone verachtet wird, und zwar selbst dann noch, als Ismene sich aus Solidarität fälschlicherweise bezichtigt, mit Antigone zusammen die Tat begangen zu haben (vgl. V. 536). Ismenes Motivation für die Änderung ihres Entschlusses ist Mitleid (vgl. V. 540 f.); auch will sie nicht ohne Antigone leben (vgl. V. 566). **Antigone verweigert der Schwester** das **Recht, mit ihr zu sterben,** mit dem Hinweis, dass sie sich doch ohnehin immer an Kreon orientiert habe (vgl. V. 549). In **unversöhnlicher und dogmatischer Weise** hat sie für Ismene nur noch Hohn und Spott übrig und widerspricht damit ihrer Grundüberzeugung von der ho-

Ismene geht auf Distanz

Hohn und Spott

hen Bewertung der Familie, die der Hintergrund für die Bestattung des Bruders ist. Auch wenn Ismene nun von Antigone Ablehnung erfährt, so erkennt sie in der **Aufopferung der Schwester einen Ausdruck der Liebe zu den Verwandten**; gleichwohl hält Ismene es für sinnlos, durch den offenen Verstoß gegen ein bestehendes Gesetz bewusst in den Tod zu gehen: „Wenn du's denn willst, so geh. Ich weiß, dein Gang/ist sinnlos, doch die Lieben liebst du recht." (V. 98 f.)

Antigones feste Überzeugung

Antigone ist überzeugt von der Richtigkeit ihrer Auflehnung gegen das Gesetz Kreons. Als Begründung führt sie die Familienpflicht (vgl. V. 465–470) und die heiligen Gesetze der Götter an: „An ihnen wollt' ich nicht, weil Menschenstolz/mich schreckte, schuldig werden vor den Göttern." (V. 458 f.) Daher will sie auch dem Rat Ismenes nicht folgen und die Bestattung in aller Heimlichkeit durchführen: „Nein, laut verkünden sollst du's allen Leuten." (V. 86) Sie will ihren **Protest** gegen das Gesetz des neuen Herrschers unbedingt **an die Öffentlichkeit bringen** und legt es auch darauf an, bei der Tat gefasst zu werden. Obgleich die erste symbolische Bestattung des Bruders nach der griechischen Vorstellung ausreicht, der Seele die gebührende Ruhe zuteil werden zu lassen, bestattet sie ihn ein zweites Mal; **dieser zweite Gang zum Leichnam ist als eine öffentliche Demonstration gedacht**, er soll entdeckt werden, damit der öffentliche Protest wirken kann. Vom Ende her betrachtet und angesichts des Schicksals, das Kreon trifft, beweist sie mit dieser Einstellung Weitsicht, da sich der Verstoß gegen die als heilig erachteten Göttergesetze letztlich rächt.

Symbolische Bestattung

Fortsetzung des Familienstreits

Darüber hinaus setzt sich im **Konflikt zwischen Kreon und Antigone** in gewisser Weise auch der **Streit zwischen Polyneikes und Eteokles** fort. Die Konfrontation zwischen dem **Recht der Stadt** (Eteokles) und dem **Familienrecht** (Polyneikes) wird entscheidend erweitert und erhöht: In der Auseinandersetzung zwischen Antigone und Kreon steht auf der einen Seite das **Recht einer göttlichen Weltordnung** und auf der anderen Seite das **Recht einer von Menschen gesetzten irdischen Ordnung**:

Kampf der Überzeugungen

„Der Konflikt zwischen Antigone und Kreon ist mehr als einfach ein Kampf zwischen zwei starken Persönlichkeiten. Sophokles' Charaktere (...) stehen auch immer für etwas, das größer ist als sie selbst (...). Es erscheint ein (...) fundamentaler Irrtum, in der ‚Antigone' nur den Konflikt zweier Charaktere zu sehen wie nur den Kampf zweier Ideen. Familie und Staat, Mystizismus und Rationalismus, persönliches Gewissen und öffentliches Recht – soweit solche Gegensatzpaare überhaupt etwas Wahres enthalten, ist all das in dem Konflikt zweier grundsätzlicher Auffassungen der Weltordnung inbegriffen. Es dürfte klar sein, dass es sich hierbei nicht um individuelle Auffassungen handelt, die ihren Ursprung in Kopf und Herz der beiden Gegner hätten. Eine unüberbrückbare seelische Kluft trennt Antigone und Kreon in allem, was sie sind und tun und man darf da nicht einfach und unzulänglich von einem ‚Widerstreit der Pflichten' oder dem ‚Kampf zweier Willen' reden. Alle persönlichen Gefühle und Erfahrungen sind dem Widerstreit zweier entgegengesetzter Überzeugungen vom Sinne des Daseins unterworfen. Antigone glaubt an eine göttliche Weltordnung; Kreon hält sich an irdische Gesetze und Normen, ebenso für den Einzelnen wie für den Staat."[3]

Antigones Motiv

Antigones wichtigstes Motiv ist also die entschlossene Durchsetzung der als heilig erachteten Gesetze einer göttlichen Weltordnung: „Edle Thebaner, schaut mich an,/die einzige, letzte vom Königsgeschlecht,/was ich leide, von was für Volk,/weil ich Heiliges

---

3 Ehrenberg, S. 38 f.

heilig gehalten." (V. 940–943) Es ist kein göttlicher Plan, der ihren Tod vorsieht, sondern es ist ihre eigene Entscheidung (V. 875: „Eigener Drang trieb dich ins Verderben"), für ihre Überzeugung den Märtyrertod zu erleiden.

Antigones Verlassenheit

Neben dem Verweis auf die Heiligkeit des Gesetzes, das ihr Handeln begründet und letztlich ihren Tod bewirkt, erklärt Antigone in ihrem letzten Satz kurz vor ihrem Gang in das Grab, dass sie sich verlassen fühle. Sie sei die „einzige, letzte, vom Königsgeschlecht" (V. 941). Diese **Einsamkeit** bezieht sich nicht auf den Verlust der nach wie vor lebenden Verwandten, sondern auf die **mangelnde Unterstützung**, die sie für ihre Position erhält. Weder ihr Onkel Kreon noch ihre Schwester Ismene teilen ihre Auffassung von der Heiligkeit des Bestattungsgebotes, und auch der Chor der Ältesten versagt ihr an dieser Stelle Hilfe. Der subjektive Eindruck der Verlassenheit verbindet sich mit ihrer Todesbereitschaft, da erst der Tod sie – ihrer Meinung nach – wieder mit ihrer Familie vereint. Auf diesen Zusammenhang hat Käte Hamburger hingewiesen:

Zitat von Käthe Hamburger

> „Die Todesbereitschaft Antigones hat ihre objektive, ihr selbst bewusste Ursache im Verlassensein von den ihren, den Blutsverwandten. Aber das Clanbewusstsein ist freilich so tief mit dem Lebensgefühl Antigones verbunden, ja mit ihm identisch, dass Todeswunsch und Clanbewusstsein in dieser Situation ihres Lebens zusammenfließen und zur dramatischen Handlung führen, sich in ihr vereinigen. Und deshalb kann man zur Interpretation der Gestalt sagen, dass sie als eine zutiefst archaische, von einem spezifisch chthonischen Lebensgefühl geprägt sich darstellt, und sie weist nicht zufällig auf die unteren, die chthonischen Götter hin, deren Gebot sie zu folgen habe."[4]

---

4 Hamburger, S. 200

Diese Interpretation muss natürlich unterstellen, dass sich Ismene mit ihrer Entscheidung, nicht bei der Bestattung zu helfen, in den Augen Antigones vom Clan entfernt hat. Auch wenn der Chor in seiner Lehre am Ende darauf verweist, dass die heiligen Gesetze befolgt werden müssen, und er damit der Position Antigones inhaltlich Recht gibt, so lässt sich ihr **unnachgiebiges Verhalten Ismene gegenüber als eine Art von Überheblichkeit** verstehen. Der Appell des Chores, Besonnenheit zu zeigen, ließe sich in diesem Sinne vielleicht auch auf Antigone übertragen.

Der Chor

Funktion des Chores

Die Stellungnahmen des **Chores**, des Rates der Ältesten, sind bereits an verschiedenen Orten erwähnt worden. Seine Funktion im antiken Drama ist die eines **Gesprächspartners** (z. B. V. 211–222) und eines **Kommentators** (vgl. z. B. V. 1350–1353). Außerdem **kündigt** er **Auftritte an** (vgl. z. B. V. 155–161). In den Standliedern, dem lyrisch-musikalischen Teil der Auftritte, reflektiert der Chor den Mythos; die Dialogstellen werden dagegen von **verbalen Auseinandersetzungen** dominiert. Im Verhältnis der Dialoge und der Stasima wird also das **Verhältnis von Mythos und Logos** repräsentiert. Wenn der Chor Kreon den Rat gibt, nicht mehr seinem eigenen Logos zu folgen, sondern auf Teiresias zu hören, dann wird damit die Gültigkeit des mythischen Weltbildes erwiesen. Der Appell an die Besonnenheit ist eine Mahnung, die menschlichen Entscheidungen auf der Basis heiliger Gesetze zu treffen. Letztlich verlangt der Chor also die Beachtung des Mythos!

Das mythische Weltbild

Der Schlussvers: „Überhebung büßt mit großem Falle/großes Wort, dem Alter zu Besinnung" (V. 1351 f.) lässt sich nicht nur auf Antigone und Kreon, sondern auch auf den Chor selbst beziehen. Immerhin hat er die Illegalität von Kreons Entscheidung nicht erkannt und sich vielmehr von dem Herrscher einnehmen lassen in seiner Haltung gegen Antigone. Erst nach dem Auftritt des Teiresias bezieht der Chor der Ältesten eine klare Position.

Stellungnahme des Chores

Betrachtet man einmal vom Ende her die Stellungnahmen des Chores, so erkennt man, dass sie **zum Teil ausweichende, zum Teil aber auch falsche Einschätzungen** enthalten:

- → Er bestätigt Kreon, dass er in seiner Position als Staatsoberhaupt nach eigenem Gutdünken Gesetze erlassen kann (vgl. V. 211–214), und vermeidet damit eine inhaltliche Stellungnahme zum Bestattungsverbot.
- → Im ersten Stasimon lobt er den vernunftbegabten Menschen als Beherrscher der Welt und scheint so die Regierungserklärung Kreons zu unterstützen.
- → Im zweiten Stasimon wird Antigones Tat und Verurteilung ausschließlich im Zusammenhang mit dem Fluch der Labdakiden gesehen (vgl. V. 594 ff.).
- → Er vermutet, dass Haimon nur aus Sorge um Antigone zu Kreon kommt (vgl. V. 628–630).
- → Das Loblied auf die Größe des Liebesgottes Eros (vgl. V. 781–799) zeigt, dass der Chor das Auftreten Haimons als einen Ausdruck der Liebe zu Antigone versteht. Auch wenn es ein Anlass sein mag, so ist das doch nicht Hauptgrund für Haimons Besuch. Es entgeht dem Chor, dass Haimon nicht als leidenschaftlicher Liebhaber auftritt, sondern ruhig und vernünftig argumentiert und dabei das Recht der Polis wie auch das Recht der Götter verteidigt.
- → Im Dialog mit Antigone sieht der Chor sie selbst als Urheberin ihres Leides (vgl. V. 821) und verweist wiederholt auf den Fluch des Labdakidengeschlechts (vgl. V. 856). Seiner Meinung nach müssen die Gesetze der Mächtigen unter allen Umständen eingehalten werden (vgl. V. 872–875).

Chor verhält sich widersprüchlich

Der Chor hat natürlich Recht, wenn er erklärt, Antigone sterbe aus freien Stücken; dass aber die Gesetze des Staates auch die Göttergesetze beachten müssen, das hat er im ersten Stasimon selbst verlangt (vgl. V. 368 f.). Insofern ist seine **Haltung durchaus widersprüchlich**; zum Teil scheint sie sogar vom Respekt vor der Macht des Herrschers geprägt. Zuweilen findet man auch Zeichen eines leise angemeldeten Zweifels an der Rechtmäßigkeit von Kreons Entscheidung:

→ Der Chor vermeidet es, eine inhaltliche Entscheidung über die Rechtmäßigkeit des Bestattungsverbotes zu treffen und lehnt die Verantwortung, über die Einhaltung des Verbotes zu wachen, ab (vgl. V. 215 f.).
→ Er vermutet eine göttliche Beteiligung bei der Bestattung und weist damit indirekt auf das heilige Recht hin: „Herr! Ob nicht gar ein Gott dies Werk betrieb,/darüber denke ich schon lange nach." (V. 278 f.)
→ Im ersten Stasimon verweist er auf die Bedeutung der Beachtung von staatlichem und göttlichem Recht.
→ Er kritisiert Antigones Tat als „sinnlose(s) Tun" (V. 382), nicht als verbotene Tat.
→ Nach der Aufdeckung von Antigones Tat wird im zweiten Stasimon die Ohnmacht des Menschen besungen, dessen Leben sich niemals frei von Unheil erfüllt; vom Ende her lässt es sich als eine Vorausdeutung auf Kreons Schicksal verstehen.
→ Die mythologischen Beispiele des vierten Stasimon sind entweder Analogien auf die Verurteilung Antigones mit Trostfunktion (die leidende Danae wird schließlich durch göttliches Wirken erhöht, die Brüder der Kleopatra rächen ihre Schwester) oder Verweise auf das Ende Kreons (der rasende König Lykurg kommt durch göttliches Einwirken zur Einsicht).

Der Chor hat im Dionysoskult die Aufgabe, den Gott anzurufen; im antiken Drama stellt er die Verbindung mit dem Mythos her. Die Grundlagen des menschlichen Daseins werden durch den Mythos bestimmt; der Versuch des Menschen, sich kraft des eigenen Verstandes über die göttliche Weltordnung zu erheben, wird bestraft. Im Wirken des Chores kommt der religiöse Charakter des antiken Dramas im Kontext der Dionysosfeier am deutlichsten heraus. Der Gott wird in einem Moment angerufen, als offensichtlich geworden ist, dass menschliche Unzulänglichkeit eine Katastrophe ausgelöst hat; in der unabwendbaren Zwangsläufigkeit des Geschehens offenbart sich die **Folge menschlicher Hybris**.

Hybris = Selbstüberhebung

Der Wächter

Die Wächterfigur

Der **Wächter** fällt aus der Reihe der ernsten Figuren heraus. Als komische Figur hat er eine gewisse Ähnlichkeit mit Sosias in Kleists Drama *Amphitryon*, worauf auch Geisenhanslüke hinweist.[5] In seiner Ängstlichkeit (vgl. V. 239 f.) und seinen vorlauten Entgegnungen: „Darf ich was sagen oder soll ich gehn?“ (V. 315), steckt mitunter auch eine leise Kritik an den Befehlen des Monarchen. Den Bericht über die erste Bestattung des Polyneikes bezeichnet Kreon als „Geschwätz“ (V. 316). In der Antwort des Wächters: „Beißt's in den Ohren oder in der Seele?“ (V. 317) spürt man einen Anflug von Kritik, die ganz deutlich wird, wenn man den Vers: „Furchtbar, wenn einer glaubt und glaubt verkehrt!“ (V. 323) auf Kreon bezieht.

Komik

In der Schilderung der Ergreifung der Täterin kommt Sympathie mit Antigone zum Ausdruck; nur die Gefährdung des eigenen Lebens habe ihn dazu gebracht, sie zu verhaften:

Kritik des Wächters

---

5 Vgl. Geisenhanslüke, S. 79

> „Wir überführen sie der ersten Tat/und auch der jetzigen, nichts stritt sie ab./Das war mir lieb und war mir leid zugleich,/denn selbst der Not entronnen sein macht Freude,/und die ins Unglück bringen, die man gern hat,/ist traurig. Doch alles nehme ich/natürlich nicht so wichtig wie mein Leben." (V. 434–440)

Anspielung und Ironie

In der Figur des Wächters können wir eine **Personifizierung der öffentlichen Meinung** vermuten, die sich davor scheut, sich offen gegen den Herrscher zu artikulieren, und die daher die Mittel der Anspielung und der Ironie zum Ausdruck ihrer Kritik nehmen muss.

3.5 Sachliche und sprachliche Erläuterungen

V. 1	**„Ismene“**	Die Schauspieler müssen mit Namen angesprochen werden, damit sie vom Zuschauer eingeordnet werden können. Das Kostüm – ein langes, reich verziertes Gewand – erlaubt keine individuelle Charakterisierung.
V. 8	**„Der neue Führer“**	Kreon
V. 10	**„unsern Lieben“**	Polyneikes
	„Feinde“	Kreon
V. 23 ff.	**„Eteokles barg er“**	Ruhe erfährt die Seele des Toten in griechischer Vorstellung erst nach einer – auch nur symbolisch vorgenommenen – Bestattung.
V. 25	**„Bei den Verstorbenen in Ehren steht“**	Die Seele des Toten lebt im Hades weiter.
V. 50	**„ohne Ruhm zugrunde ging“**	Der Vater Antigones, Ödipus, ist verhasst, weil seine Taten (Ermordung des Vaters, Heirat der eigenen Mutter) die Pest über die Stadt gebracht haben.
V. 65	**„(...) denen unterm Boden“**	Dahinter steht die Vorstellung, dass die Toten und ihre Götter auf das Leben des Menschen Einfluss nehmen können; Orest beispielsweise wird nach dem Mord an seiner Mutter von Rachegöttinnen verfolgt.
V. 101 f.	**„(...) dem siebentorigen/Theben“**	Hauptstadt Böotiens mit sieben Toren; das ägyptische Theben hat hundert Tore.
V. 104	**„Dirke“**	Quelle im Westen von Theben
V. 105	**„(...) den waffenmächtigen Feind“**	Adrast, König von Argos, kommt Polyneikes zu Hilfe und überlebt als Einziger die Schlacht. Zehn Jahre später führt er die Nachkommen der Gefallenen erneut vor Theben und zerstört die Stadt.

V. 122	**„Hephaistos"**	der griechische Gott des Feuers und der Schmiedekunst; hier übertragener Ausdruck für „Feuer"
V. 126	**„Drachen"**	Anspielung auf Theben, dessen Stammväter fünf Krieger sind, die aus den Zähnen des von Kadmos erschlagenen Drachens entstanden sind.
V. 130–133	**„Hochmütig"**	Gemeint ist in dieser Textstelle der Argiverfürst Kapaneus, der, nachdem er die Stadtmauer bereits erklommen hat, stolz verkündet, noch nicht einmal ein Blitz des Zeus könne ihn nun aufhalten. Zur Strafe wird er von einem Blitz erschlagen. Dies zeigt deutlich die Parteinahme der Götter für Eteokles, nachdem ein Sohn des Kreon, Megareus, sein Leben für die Rettung der Stadt zum Opfer gebracht hat.
V. 140	**„Ares"**	Kriegsgott (römisch: Mars). Aus seiner Verbindung mit Aphrodite entstammt Eros.
	„Renner zur Rechten"	Das rechte der beiden Rennpferde ist stärker und das den Sieg entscheidende.
V. 143	**„Preis"**	die Rüstung des erschlagenen Gegners
V. 148	**„Nike"**	Siegesgöttin (römisch: Victoria)
V. 149	**„wagenprangendes Theben"**	Theben ist wegen seiner Wagen und Pferde berühmt.
V. 154	**„Bakchos"**	römischer Name für griech. „Dionysos", Gott des Weins und der Fruchtbarkeit, Sohn des Zeus und der Semele. Bacchus wird in Theben in besonderer Weise verehrt (vgl. V. 1115 ff.).
V. 165	**„Laios"**	Vater des Ödipus
V. 174	**„Nächstverwandten der Gefallenen"**	Kreon legitimiert seine Herrschaft durch die Verwandtschaft mit den Labdakiden: Er ist als Sohn des Menoikeus der Bruder der Iokaste und damit der Schwager (und Onkel) des Ödipus.

V. 207 ff.	**„Das ist mein Wille"**	Die Entscheidung, Polyneikes nicht bestatten zu lassen, wird nicht mit persönlichem Interesse, sondern ausschließlich patriotisch und sittlich begründet.
V. 211–222	**„Sohn des Menoikeus (...)"**	Der Dialog zwischen Kreon und dem Chor zeigt das innere Widerstreben des Chores gegen die ergangene Anordnung. Einen direkten Widerspruch gegen das Bestattungsverbot wagt der Chor nicht.
V. 246 ff.	**„durstigen Staub"**	Die Bestattung des Toten ist durch das Bestreuen mit Staub symbolisch vollzogen.
V. 256	**„(...) wie um den Fluch zu bannen"**	Unbestattete Leichen sind den Göttern nicht nur ein Gräuel, sondern auch ein Verstoß gegen die Verpflichtung, die Leichen gefallener Landesverräter zumindest außerhalb des Stadtgebietes zu bestatten.
V. 264	**„Durchs Feuer wären wir gegangen"**	Solche Feuerprobe als Gottesurteil findet man in der Antike selten; im germanischen Kulturraum ist sie wesentlich häufiger anzutreffen.
V. 319	**„Der Täter kränkt dein Herz, ich nur dein Ohr"**	Hinweis auf die mangelnde Gerechtigkeit Kreons
V. 332 ff.	**„Ungeheuer ist viel (...)"**	Das Chorlied „Ungeheuer ist viel und nichts/ ungeheurer als der Mensch" ist wahrscheinlich ohne direkten Zusammenhang mit der Handlung des Dramas entstanden.
V. 335	**„Notos"**	Südwestwind
V. 337	**„Erde"**	Gemeint ist Gaia, die Mutter aller Götter und Menschen.
V. 397	**„kein Los"**	In der ersten Wächterszene hat der Überbringer der schlechten Nachricht von der Bestattung ausgelost werden müssen; das Überbringen der guten Nachricht geschieht freiwillig.

V. 431	**„Grabesspende"**	Milch, Wein und Honig
V. 446	**„Wächter ab"**	Der Schauspieler, der den Wächter darstellt, verkörpert auch Ismene. Vor ihrem Auftritt muss er daher abgehen.
V. 451	**„Dike"**	Göttin des Rechts. Sie herrscht auch im Totenreich.
V. 469 f.	**„Mag ich dir nun (...)"**	Die Verse stehen in Klammern, da sie mit großer Sicherheit nicht von Sophokles stammen.
V. 497	**„Willst du noch mehr, als dass ich sterben muss?"**	Antigone führt Kreon die Grenzen seiner Macht vor Augen.
V. 506 f.	**„Auch darin hat es (...)"**	Die Verse stehen in Klammern, da sie mit großer Sicherheit nicht von Sophokles stammen.
V. 507	**„Das siehst nur du von Kadmos' ganzem Volk"**	Kreon wirft ihr vor, mit ihrer Meinung alleine dazustehen.
V. 573	**„Mehr als genug kränkst du und deine Ehe!"**	Damit ist gemeint, dass die von Ismene ins Gespräch gebrachte Ehe zwischen Antigone und Haimon verletzend sei.
V. 594	**„Labdakos"**	Großvater des Ödipus und Enkel des Kadmos, des Gründers von Theben
V. 635 ff.	**„Dein bin ich, Vater"**	Im Gespräch mit Kreon versucht Haimon deutlich zu machen, dass er seinen Vater vor einer Handlung bewahren will, die vom Volk abgelehnt wird, weil sie gegen die Gebote der Götter gerichtet ist (vgl. V. 745). Indem Kreon seinem Sohn vorwirft, er sei einer Frau hörig, entzieht er sich der sachlichen Diskussion.
V. 753	**„So stirbt sie und vernichtet einen zweiten"**	Selbstmorddrohung

V. 776	**„Damit die Stadt dem Fluche ganz entgeht“**	Es ist Kreons Anliegen, eine auf die Tötung Antigones möglicherweise folgende Verfluchung Thebens abzuwenden.
V. 777	**„Hades“**	Griechischer Gott der Unterwelt, der zusammen mit seiner Frau Persephone das Totenreich beherrscht. Er ist der Sohn des Kronos und der Bruder von Zeus und Poseidon. „Hades“ gilt auch als Bezeichnung für die Unterwelt selbst.
V. 781	**„Eros“**	Gott der Liebe (im Griechischen bezeichnet ‚Eros‘ die geschlechtliche Liebe).
V. 799	**„Aphrodite“**	Griechische Göttin der Schönheit und der sinnlichen Liebe (römische Gottheit: „Venus“). Sie ist entweder eine Tochter des Zeus (nach Homer) oder aus dem Meeresschaum (griech. „aphros“) geboren.
V. 812	**„Acheron“**	Fluss in der Unterwelt
V. 813	**„Hymenaios“**	Hochzeitslied
V. 825	**„Tantalos' Tochter“**	Niobe gilt als Symbol für Selbstüberschätzung und Leid.
V. 834	**„Dämon“**	Damit ist keine bestimmt Gottheit gemeint, sondern allgemein das göttliche Wesen.
V. 854	**„Thron des Rechts“**	die durch Kreon verkörperte Staatsordnung
V. 871	**„der Ehe Verhängnis“**	Gemeint ist Polyneikes, der die Tochter des Argiverkönigs Adrastos heiratet.
V. 892 ff.	**„O Grab“**	Anspielung darauf, dass Antigone und Ismene die letzten Nachfahren des Labdakos sind.
V. 894	**„Persephone“**	Gemahlin des Hades, Tochter des Zeus und der Demeter. Zeus erlaubt Persephone auf Drängen ihrer Mutter hin, die Unterwelt jeweils für ein halbes Jahr zu verlassen. Dieser Mythos erklärt das Wiedererwachen der Natur im Frühling.

V. 904–920	**„Und doch, wer klug ist (...)"**	Die Verse stehen in Klammern, da sie mit großer Sicherheit nicht von Sophokles stammen: Es geht Antigone nicht um menschliche „Satzung" (V. 908), sondern um ein „göttliches Gesetz" (V. 921).
V. 944	**„Danae"**	Tochter des Akrisios von Argos und Mutter des Perseus. Nach der Prophezeiung, Akrisios werde durch einen Enkel sein Leben verlieren, wird sie von ihrem Vater in einen Turm gesperrt. Zeus (als goldener Regen) zeugt mit ihr den Perseus, der später Akrisios tötet.
V. 956	**„der Edonen Fürst"**	Gemeint ist Lykurgos, König der thrakischen Edonen, der wegen seiner Verspottung des Dionysoskultes in eine Felsenhöhle gesperrt wird und verhungert.
V. 966–989	**„Am blauen Doppelfelsen, wo Bosporos"**	Oreithyia, Tochter des Athenerkönigs Erechtheus, wird von dem Windgott Boreas nach Thrakien entführt und bringt dort Kleopatra zur Welt. Diese heiratet Phineus, der die thrakische Küste von Salmydessos, nördlich des Bosporos, beherrscht, in dessen Nähe auch ein Heiligtum des Ares liegt. Nach der Geburt zweier Söhne verstößt Phineus Kleopatra und heiratet Idaia. Seine zweite Frau blendet die beiden Söhne aus der ersten Ehe ihres Mannes, weil sie sie angeblich vergewaltigt haben, und lässt sie zusammen mit Kleopatra in eine Felsenhöhle einmauern.
V. 985	**„Boreade"**	Kleopatra
V. 987	**„Moiren"**	Schicksalsgöttinnen. Trotz ihrer edlen Abkunft wird auch Kleopatra von den Schicksalsgöttinnen ergriffen; nach der Mythologie sind dies Klotho, die den Lebensfaden spinnt, Lachsis, die das Lebenslos zuteilt, und Atropos, die den Lebensfaden abschneidet.

V. 993	**„Ich habe deine Weisheit nie verachtet"**	Anspielung auf die Weissagung des Teiresias, Kreon müsse seinen Sohn Megareus opfern, um die Götter gnädig zu stimmen. Megareus nimmt sich selbst das Leben, die Thebaner gewinnen den Kampf gegen das Heer der Argiver.
V. 999	**„Seherwarte"**	Die Vogelschau, die wahrscheinlich von Babylon nach Griechenland gekommen ist, ist eine Form der Weissagekunst, die aus Flugrichtung und -formation Aufschlüsse über die Zukunft gewinnen will.
V. 1005	**„Opferschau"**	Da Teiresias aus der Vogelschau keine Prophezeiung ableiten kann, versucht er es mit der Eingeweideschau bei Opfertieren.
V. 1038	**„Sarder Silbergold"**	Sardes in Kleinasien und Indien sind im Altertum für ihren Goldreichtum berühmt.
V. 1066	**„Da gibst du einen deines eignen Bluts"**	Vorausdeutung auf Haimons Tod
V. 1068	**„Der Obern eins"**	Antigone
V. 1115	**„Namenreicher! Wonne der Kadmostochter"**	Der Sohn der Kadmostochter Semele und Zeus ist Dionysos, der unter zahlreichen Namen, z. B. Bacchos, Lyaios, Euios, Iakchos, Bromios, verehrt wird.
V. 1120	**„Deo"**	Demeter, Göttin der Fruchtbarkeit, des Wachstums, Mutter der Persephone
	„Eleusischer Deo"	Deo und Bacchus werden in Eleusis verehrt.
V. 1124	**„Ismenos"**	Fluss durch Theben
V. 1125	**„Saatgefilde des Unholddrachen"**	Anspielung auf den Gründungsmythos Thebens: Kadmos sät die Zähne des erlegten Drachen aus, sofort wachsen kampfbereite Männer aus der Saat.
V. 1127	**„Mänade"**	sich wild gebärende, rasende weibliche Person

V. 1129	**„Korykische Nymphen"**	weibliche Naturgottheiten, benannt nach der korykischen Grotte an den Hängen des Parnassos
V. 1130	**„Kastalias Quell"**	Quelle in Delphi, in der Nähe wird zur Wintersonnenwende ein Dionysosfest gefeiert.
V. 1131	**„nysischer Hügel Efeuhänge"**	Efeu als heilige Pflanze des Dionysos, der in Nysa von Nymphen erzogen wird, nachdem seine Mutter, Semele, bereits vor seiner Geburt gestorben ist. Semele will Zeus mit seiner ganzen Macht erleben; seinem Anblick hält sie nicht stand, sie wird von dem Blitz erschlagen. Zeus nimmt sich daraufhin des Ungeborenen an und bringt es zur Welt; Dionysos heißt daher „zeusgeboren".
V. 1134	**„Euoi"**	Ausruf der Anhänger des Dionysoskultes
V. 1139	**„Die im Blitz dein genas"**	Damit ist Semele gemeint (vgl. Anm. zu V. 1131).
V. 1145	**„Tosender Sund"**	der Euripos, Meerenge, die Euboia von der Ostküste Mittelgriechenlands trennt.
V. 1152	**„Iakchos"**	Dionysos
V. 1155	**„Amphion"**	König von Theben, Gemahl der Niobe
V. 1185	**„Pallas"**	gemeint ist die Stadtgöttin Pallas Athene.
V. 1191	**„Nicht unerprobt im Leid"**	Hinweis auf den Verlust ihres Sohnes Megareus
V. 1199	**„Wegegöttin"**	Unterweltgöttin Hekate, wird an Gräbern und Kreuzwegen verehrt (oft mit Persephone gleichgesetzt)
V. 1250	**„So ratlos"**	Die Öffentlichkeit ist nicht der Ort für die Totenklage.
V. 1303	**„ein gepriesner Tod"**	Der Tod des Megareus ist ehrenvoll, weil er sich für den Sieg Thebens umgebracht hat.

3.6 Stil und Sprache

ZUSAMMENFASSUNG

Stil und Sprache werden einerseits durch die Übersetzung aus dem Griechischen geprägt, auffällig ist zum anderen die reichhaltige Metaphorik sowie zahlreiche Anspielungen auf griechische Götter- und Heldensagen. In der Übersicht sachlicher und sprachlicher Erläuterungen wird in 3.5 auch auf einzelne stilistische und sprachliche Phänomene aufmerksam gemacht.

Übersetzung

Nachdichtung

Stil und Sprache werden durch die Übersetzung aus dem Griechischen geprägt, wobei diese Königs Erläuterung auf die Übersetzung von Wilhelm Kuchenmüller zurückgreift. Die Entscheidung des Übersetzers für eine bestimmte Übertragung ist im Einzelfall bereits eine Interpretation, nämlich immer dann, wenn es auch eine andere Alternative gegeben hätte. Die Maxime, dem Originaltext möglichst nahe zu kommen, ist für viele Übersetzungen bedeutsam, aber längst nicht für alle. Eine Übersetzung kann also auch eine relativ freie Nachdichtung sein. Solche Fälle, etwa die Übertragung von Hölderlin (vgl. S. 81), werden in Kapitel 4 behandelt.

Metaphorik

Anspielungen auf Götter- und Heldensagen

Auffällig an Sophokles' Tragödie ist die reichhaltige Metaphorik des Textes. Eine Metapher ist die Übertragung eines Begriffs in einen anderen Sachbereich, also eine Form des uneigentlichen Sprechens (vgl. z. B. „dem Adler gleich“ in V. 112). Auffällig sind ferner zahlreiche Anspielungen auf griechische Götter- und Heldensagen (vgl. z. B. „Nike“ in V. 148., „Zeus“ in V. 604). Metaphern und mythologische Anspielungen werden in Kapitel 3.5 geklärt.

3.7 Interpretationsansätze

ZUSAMMENFASSUNG

- → Die *Antigone* gilt gemeinhin als Tragödie von der freien Selbstbestimmung des Menschen: In Kreon verkörpert sich der in seiner Freiheit scheiternde Mensch, Antigone vertritt den Widerstand im Namen eines göttlichen Rechts.
- → Daneben sind konkrete Anspielungen auf die historische Situation Athens erkennbar: Das Verhalten Kreons vor dem Hintergrund des gerade in Athen vollendeten demokratischen Systems wird kritisiert; zuweilen wird Kreon als eine Allegorie zu Perikles gesehen.
- → In den meisten literarischen Adaptionen wird Antigone zu einer Verfechterin absoluter Humanität; gleichzeitig gibt sie ein Beispiel dafür, welche persönlichen Konsequenzen das Eintreten für die Humanität haben kann.

		Das Drama interpretiert als
Das Drama mahnt zu einem gottesfürchtigen Denken und Handeln	→	Tragödie von der freien Selbstbestimmung des Menschen
Der Text enthält eine Kritik der zeitgenössischen Politik	→	Auseinandersetzung mit der historisch-politischen Situation in Athen
Sophokles als Idealist	→	Beispiel für die Konsequenzen humanen Handelns

Tragödie von der freien Selbstbestimmung

Widerstand im Namen eines höheren Rechts

Aus dem unter 3.4 (Personenkonstellation und Charakteristiken) Gesagten erschließt sich die vorliegende antike **Tragödie als ein Drama von der freien Selbstbestimmung des Menschen** und von ihrer Begrenzung: Diese Freiheit findet ihre Grenze zum einen an der demokratisch verfassten Polis, zum anderen an den heiligen Gesetzen der Götter. Kreon steht für den in seiner Freiheit scheiternden Menschen, Antigone verkörpert den Widerstand im Namen eines höheren Rechts.

Die Voraussetzungen für ein solches Verständnis werden an Hand zentraler Leitfragen im Folgenden erläutert:

Ist das Bestattungsverbot legal?

Hegels einflussreiche Interpretation der *Antigone* geht davon aus, dass Antigone und Kreon in Bezug auf das Bestattungsverbot gleichwertige Rechtsvorstellungen vertreten:

Zitat von Hegel

> „Auf eine plastische Weise wird die Kollision der beiden höchsten sittlichen Mächte gegeneinander dargestellt in dem absoluten Exempel der Tragödie, Antigone; da kommt die Familienliebe (...) mit dem Recht des Staats in Kollision. (...) Kreon hat nicht Unrecht; er behauptet, dass das Gesetz des Staats, die Autorität der Regierung geachtet werde und Strafe aus der Verletzung folgt.“[6]

Auch Schadewaldt vertritt die These zum Beginn seiner Ausführungen über die griechische Tragödie (vgl. Schadewaldt, *Die griechische Tragödie*, S. 239–241); dann schränkt er ein, dass Kreons Handlung zwar legitim sei – als Herrscher darf und muss er natürlich Gesetze erlassen –, dass sie aber nicht mit dem sozialge-

---

6 Hegel, S. 133 f.

schichtlichen oder verfassungsrechtlichen Hintergrund vereinbar sei, somit also **keine Legalität** beanspruchen könne. Durch den Erfahrungshorizont der Athener Bürger, die die Aufführung der *Antigone* verfolgen, wird klar, dass das **Bestattungsverbots Kreons gegen Gesetz und Sitte als auch gegen göttliche Gebote verstößt:** Schon in der *Illias* des Homer erscheint Patroklos dem griechischen Helden Achill im Traum mit der Bitte, ihn baldmöglichst zu bestatten, damit er in den Hades eingehen kann (*Ilias*, 23, 65). Achill zieht sich den Zorn der Götter zu, als er den gefallenen Hektor nicht bestattet, sondern ihn Hunden und Vögeln überlässt (*Ilias*, 24, 23). Neben diesen literarischen Beispielen für die allgemeine Auffassung von der Notwendigkeit der Bestattung gibt auch ein Gesetz Solons Zeugnis davon, dass Feindschaften mit dem Tod ein Ende haben müssen; nach diesem Gesetz sind selbst die nach der Schlacht von Marathon gefallenen Perser bestattet worden. **Selbst Landesfeinden und Verrätern aus dem eigenen Volk wird ein Grab keinesfalls verweigert, wenn sie auch außerhalb der Stadt beigesetzt werden**; wenn man unterwegs auf einen unbestatteten Toten trifft und keine Möglichkeit hat, ein Begräbnis durchzuführen, so genügt eine symbolische Geste, eine Handvoll Staub. Im Bewusstsein der antiken Zeitgenossen hat es zwar vereinzelt die Vorstellung gegeben, dass die Seelen der Toten auch ohne Bestattung in den Hades gelangen können, nach allgemeinem Glauben irren die Seelen der Unbestatteten aber ruhelos umher. Nichtbestattung gilt demgemäß zunächst als Maßnahme gegen den Toten, dann vor allem gegen den Anspruch der Chthonioi (Erdgottheiten); sie wird in klassischer Zeit, in der die Polis zunehmend das Bestattungsrecht für die in ihrem Namen Gefallenen für sich reklamiert, als religiöser Frevel gewertet.[7]

Verstoß gegen göttliche Gebote

Beispiel: Achill

Symbolische Geste

---

7 Vgl. Zimmermann, S. 302 ff.

Historisch-politische Bezüge

Bezüge zur politischen Situation Athens im 5. Jh.

Blicken wir auf die politischen Konflikte in der *Antigone*, so erkennen wir konkrete Anspielungen auf die historische Situation Athens: Kreon scheitert als Tyrann, weil er nur seine persönliche Meinung vertritt und keinen Interessenausgleich sucht; insbesondere Haimon verdeutlicht ihm diese Verfehlung: „Allein herrschst du am besten in der Wüste." (V. 739)

Um die historische Einbettung verständlich zu machen, ist es notwendig, einen kurzen Blick auf die Situation in der griechischen Polis um 442/41 v. Chr. zu werfen: Außenpolitisch entwickelt sich **Athen** nach 449 und dem Sieg über die Perser bei Salamis bzw. der Gründung des Attischen Reiches neben Persien und Karthago zur **3. Großmacht im Mittelmeer**. Innenpolitisch werden seit 462 auf Antrag des Perikles, des Führers der Volkspartei, alle politischen Entscheidungen und Rechte an den Rat, die Ausschüsse der Geschworenengerichte und die Volksversammlung überwiesen; der Areopag (Gerichtshof) hat nur noch die Blutgerichtsbarkeit inne. Im Jahre 458 wird die **Demokratie** durch die Zulassung der 3. Klasse zum Archontat (höchstes Beamtentum) vollendet. Der Adel wird entmachtet, die politische Verantwortung geht auf das Volk über. Dabei ist die politische Mitwirkung an das Bürgerrecht gekoppelt: In Athen leben um die Mitte des 5. Jahrhunderts etwa 300 000 Menschen. Sie setzen sich zusammen aus etwa 150 000 Sklaven und rund 10 000 Metöken, das sind „Mitbewohner", die zwar ihre Freiheit, nicht aber das athenische Bürgerrecht besitzen. Dieses Bürgerrecht erhält der Sohn, dessen Eltern geborene Athener sind; um die Mitte des 5. Jahrhunderts sind es etwa 40 000 Athener, die mit ihrer Teilnahme in der Volksversammlung die Volksherrschaft ausüben.

Athen

Demokratie

Ein wichtiges demokratisches Mittel ist z. B. das **Scherbengericht** (Ostrakismós), mit dem jeder Bürger, der das Bürgerrecht be-

Der Stratege Perikles

Kreon handelt eigenmächtig

sitzt, einen Mann, den er verbannen will, für zehn Jahre aus Athen entfernen kann – sofern die Mehrzahl der abgegebenen Stimmen dem Antrag folgt. Außerdem entscheidet die Volksversammlung über politische Fragen und wählt den Strategen. Einer der berühmtesten Strategen des 5. Jahrhunderts ist Perikles. Von 443 bis 429 wird er jährlich zum Strategen wiedergewählt, nachdem die Opposition beseitigt worden ist. Perikles überragt seine Mitstrategen durch seine Autorität im Volk und seine Rednergabe; von Plutarch ist eine eindrückliche Beschreibung des Ansehens des Perikles überliefert[8], der im Jahre 429 an der Pest stirbt.

Nimmt man also den politischen Kontext hinzu, so ist das **Verhalten Kreons vor dem Hintergrund des gerade in Athen vollendeten demokratischen Systems zu kritisieren**; vorgeblich vertritt Kreon die Interessen der Polis, in Wirklichkeit aber nur seine eigenen Vorstellungen. Das Wohl der Polisgemeinschaft setzt dem eigenmächtigen Handeln des Herrschers eine Grenze; Besonnenheit bei der Führung der Amtsgeschäfte, die Beachtung der öffentlichen Meinung und der sittlichen Gebote sind gerade von ihm zu erwarten. Kreon aber nur als eine **Karikatur des Perikles** zu sehen wäre eine unzulässige Verengung[9], denn der Konflikt geht über den Raum des Politischen hinaus und wird ins Allgemeinmenschliche erweitert.

Funktion der freien Selbstbestimmung

Im Unterschied zu *Oidipus Tyrannos* wird in der *Antigone* **kein Götterspruch** erfüllt, das Geschehen ist nicht determiniert in dem Sinne, dass sich die Betroffenen nur noch in das Unvermeidbare fügen können. Bis zu der Szene, in der Teiresias die Empörung der Götter mitteilt und Unheil ankündigt, handeln die Figuren auf der

---

8 Vgl. Jahr, S. 70
9 Vgl. Rösler, S. 42 ff.

Grundlage ihrer eigenen Verantwortung. Der **Mangel an Einsicht führt zur Katastrophe** in der Familie des Kreon. Sein Handeln wird in den Dialogen mit Antigone, Haimon und Teiresias auf seine sittliche, religiöse und politische Legitimation hin überprüft und für falsch erklärt. **Kreon** trägt für die **Vernichtung der Angehörigen die Schuld**, weil er nicht rechtzeitig einlenkt (vgl. V. 1173 ff., V. 1305, V. 1312 f., V. 1317 f.).

Kreons Schuld

Szene aus der Berliner Antigone. Ballett von Wolfgang Hohensee nach einer Novelle von Rolf Hochhuth. Magdeburg 1990. © Cinetext/ Jürgen Bause

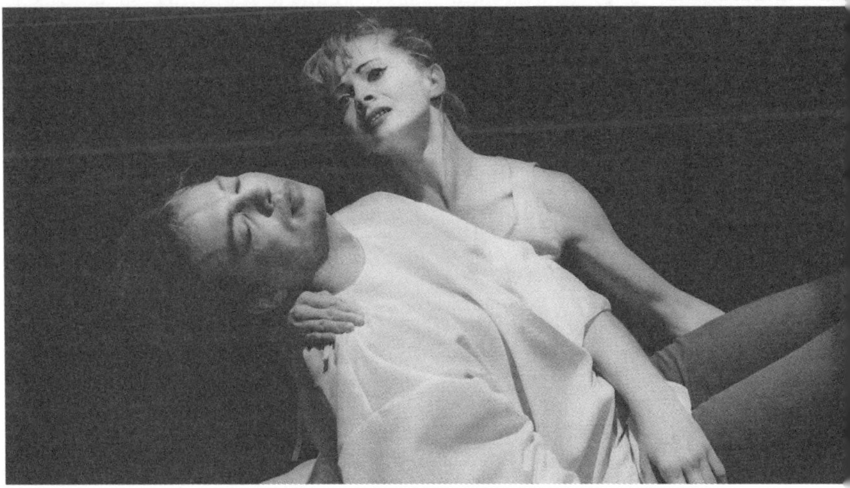

Antigone handelt frei

Antigone stirbt aus eigenem Antrieb; ihr Handeln im konkreten Fall der Bestattung ist sowohl ein Handeln in freier Selbstbestimmung als auch ein im höheren Sinne absolut richtiges Handeln, wie es sich durch die Bewertung des Sehers erweist.[10]

Antigones Willensstärke und ihre Tatkraft machen sie zum Beispiel für einen Menschen, der konsequent für seine innere **Überzeugung** und für sein **Recht** kämpft und der **dafür in den Tod geht**. Dieser Tod ist ein letzter Beweis für die Freiheit, mit der sie ihre Entscheidung getroffen hat; am Ende siegt sie mit ihrem Tod über ihren Gegner.[11]

Umfangreiche Rezeption des Stoffes

Die Betonung der freien Selbstbestimmung in der *Antigone* ist sicherlich der Grund dafür, weshalb der Stoff des antiken Dramas eine umfangreiche Rezeption erlebt hat und besonders im 20. Jh. seine Modernität erweist (vgl. **Materialien**). In den meisten literarischen Adaptionen wird **Antigone zu einer Verfechterin absoluter Humanität**; gleichzeitig gibt sie ein Beispiel dafür, welche persönlichen Konsequenzen das Eintreten für die Humanität haben kann.

---

10 Vgl. Riemer, S. 49
11 Vgl. Riemer, S. 51

4. REZEPTIONSGESCHICHTE

ZUSAMMEN-FASSUNG

Die *Antigone* wurde bereits von den Zeitgenossen hoch geschätzt, dies beweist der Umstand, dass Sophokles mit dieser Tragödie den Theaterwettstreit 442/441 v. Chr. gewinnen konnte.
Der Antigonestoff wurde in allen späteren Bearbeitungen hauptsächlich in zwei unterschiedlichen Versionen rezipiert. Grundlage dafür sind die *Phoinissai* des Euripides und die *Antigone* des Sophokles, wobei die *Phoinissai* auch auf die späten Werke des Sophokles wie *Oidipus auf Kolonos* (entstanden vor 406 v. Chr.) ausgestrahlt haben.
Die Tragödie *Phoinissai* stellt den Thebenmythos in einer Art dramatischer Gesamtschau dar, in der Antigone nur eine Nebenrolle spielt. In der deutschen Klassik (Schiller) und in der französischen Klassik (Racine) gilt die euripideische Darstellung als wegweisend. Die sophokleische *Antigone*, die Antigone zur Hauptfigur werden lässt und ihren Konflikt mit Kreon in den Mittelpunkt stellt, wird seit der Klassik und besonders im 20. Jahrhundert in der Epik und im Drama rezipiert.
Der Antigonestoff erfährt im 20. Jahrhundert auch mehrere musikalische Bearbeitungen; Carl Orff vertont ihn 1949 auf der Grundlage der Nachdichtung Hölderlins, Arthur Honegger und Vassily Lobanov machen ihn zur Grundlage ihrer gleichnamigen Opern.

Dramatische Bearbeitungen

Antike Bearbeitungen

Antigone kommt nachweislich in sechs antiken Tragödien vor: Sophokles und Euripides machen sie zur Hauptfigur in ihrem gleichnamigen Dramen, als Nebenfigur kommt sie in den *Sieben gegen Theben* des Aischylos, in Sophokles' *König Ödipus* und *Ödipus auf Kolonos* und in den euripideischen *Phönikerinnen* vor.

Aischylos

Aischylos (525–456 v. Chr.): ***Sieben gegen Theben*** gilt als vorsophokleische Bearbeitung aus dem Jahre 467. Der Schluss wird nach der „communis opinio" heute für unecht erklärt und auf die Zeit nach 410 datiert. Das Drama konzentriert sich auf den Angriff der Argiver auf Theben und sieht im Fall der beiden Brüder den Fluch des Labdakidengeschlechtes wirken. Ein Abgesandter der Probulen, die das Bestattungsverbot für Polyneikes erlassen haben, erklären sich nach diesem Schluss bereit, Antigone bei der Bestattung zu helfen.

Euripides

Euripides (485–406 v. Chr.) gestaltet den Antigonestoff in einem eigenen Drama, das nur fragmentarisch erhalten ist und bei dem die Epiphanie des Herakles ein glückliches Ende beschert. Ausführlich behandelt er die Thebenproblematik in seinem Drama *Die Phönikierinnen* (griech. ***Phoinissai***, entstanden um 410 v. Chr.), in dem er eine Zusammenschau des thebanischen Sagenkreises gibt. Iokaste lebt noch (anders als im *König Ödipus* von Sophokles), sie stellt zu Beginn der Tragödie die Geschichte des Labdakidengeschlechts von der Gründung Thebens durch Kadmos bis zum Streit zwischen Eteokles und Polyneikes dar. Sie erlebt den Entscheidungskampf zwischen den Brüdern mit und stirbt bei ihren gefallenen Söhnen, beide umarmend. Polyneikes wird von Euripides dargestellt als jemand, der berechtigte Interessen vertritt. Allerdings muss er sich von seiner Mutter Egoismus vorwerfen lassen, da er einen Kampf gegen die eigene Polisgemeinschaft führt.

Antigone kündigt an, Polyneikes trotz Verbotes bestatten zu wollen; sie geht dann aber mit ihrem Vater, dem greisen Ödipus, in die Verbannung.

Euripides verlagert die Problematik zum einen in die Konfrontation zwischen Eigennutz und Polismoral, zum anderen ist sein

Bestreben nach bilanzierender Synthese des Sagenkreises unverkennbar.

Sophokles

Sophokles selbst lässt Antigone in seinen Dramen *König Ödipus* und *Ödipus auf Kolonos* (beide entstanden vor 406 v. Chr.) als Nebenfigur auftauchen: In ***König Ödipus*** (aufgeführt zwischen 429 und 425 v. Chr.) sind Antigone und Ismene noch Kinder. Nach der Selbstblendung nimmt Ödipus Abschied von den Töchtern und vertraut sie der besonderen Obhut Kreons an. In ***Ödipus auf Kolonos*** (ca. 401 v. Chr. aufgeführt) ist der aus Theben vertriebene Ödipus auf der Suche nach einem Platz zum Sterben. Zusammen mit ihm ist Antigone ins Exil gegangen. Ödipus findet sein Grab auf dem Kolonos bei Athen, dem heiligen Bereich der Rache- und Versöhnungsgeister. Antigone hat in dem Drama eine versöhnende Rolle; sie führt ihren blinden Vater und setzt sich für eine Verständigung der Brüder ein. Theseus gewährt Ödipus die letzte Ruhestätte und verkörpert damit vorbildlich die humanen Grundlagen der Polisgemeinschaft. In einer Zeit des Niedergangs der Polis Athen will Sophokles mit den positiv gezeichneten Figuren der Antigone und des Herrschers Theseus möglicherweise auf die demokratischen Werte aufmerksam machen, deren Untergang droht.

Hellenistische und römische Bearbeitungen

Zu den hellenistischen und römischen Bearbeitungen sind zu zählen: Lucius Accius: *Antigona*, *Phoenissae* (vermutlich 2. Hälfte des 2. Jh. n. Chr.), Seneca (zwischen 4 v. Chr. und 1 n. Chr.–65 n. Chr.): *Phoenissae* (entstanden im 1. Jh. n. Chr.) Aus Platzgründen sind nur einige zusammenfassende Bemerkungen zu diesen Bearbeitungen möglich: Gemeinsam ist allen Werken die Orientierung an den *Phoinissai* des Euripides. Besondere Betonung erfährt z. B. die Figur der Antigone in der römischen Fassung ***Phoenissae*** des **Seneca** als „virgo Pia“.

Schuld und Verantwortung

„Zudem lässt sich eine Verschärfung der Frage nach Schuld und Verantwortung beobachten: Gibt Oidipus bei Accius die Regierung vermutlich freiwillig an die Söhne ab und legt damit die Aufteilung der Herrschaft in ihre Hände, so wird Oidipus sowohl von Seneca als auch von Statius ausgesprochen negativ gezeichnet. Nicht die Entrückung steht am Ende seines Lebens, wie im ‚Oidipus auf Kolonos', sondern Selbstmord und Rachegedanken. Er wird durch den aus purer Rache ausgestoßenen Fluch schuldig am Bruderzwist, den die Brüder anfangs zu verhindern suchten. Doch dann geben auch sie sich ihren Machtgelüsten hin. (...) Antigone erfährt im Kontrast zur zunehmend negativen Zeichnung der männlichen Familienmitglieder eine gesteigerte positive Deutung durch die nachhaltige Betonung des Versöhnungs- und Liebesaspekts."[12]

Martin Opitz (1597–1639): *Antigone* (1636)

Opitz' Fassung, durch die das antike Werk wieder in Deutschland bekannt wird, ist eine Übersetzung der *Antigone*, die sich eng am Original anlehnt, dabei aber auf die höhere Legitimation der Verurteilung Kreons durch das verletzte Gebot der Götter verzichtet.

Jean Racine (1639–1699): *La Thébaide ou Les Frères ennemis* (1664)

Um die Macht in Theben kämpfen **Etéocle und Polinice**, die Söhne Jocastes aus der Ehe mit Oedipe.

Créon, der Bruder Jokastes, und sein Sohn Hémon lieben Antigone. Créon hofft auf den Tod der Brüder, weil er die Herrschaft in Theben an sich bringen und die Hand Antigones gewinnen will. Während einer Unterredung zwischen Etéocle und Polinice bricht Créon den Waffenstillstand; **Créons** jüngster Sohn **Ménécée** kennt das Orakel, das besagt, dass der jüngste Thronfolger des Herrschergeschlechts Thebens sterben müsse, bevor die Stadt gerettet

12 Zimmermann, S. 268

werde. Sein Selbstmord führt zwar zu einem kurzen Waffenstillstand, den Kampf zwischen den Brüdern vermag weder sein Tod noch der **Hémons** aufzuhalten, der einem Versöhnungsversuch zum Opfer fällt. Etéocle und Polinice fallen jeweils durch die Hand des Bruders; Antigone und Jokaste töten sich in der Klage um den Verlust der Angehörigen. Den Selbstmord Créons, den am Ende der Tragödie Schuldgefühle plagen, versuchen die Wachen zu verhindern.

Johann Christian Friedrich Hölderlin (1770–1843): *Antigone* (1804)

Hölderlins Übersetzung, die in vieler Hinsicht missverständlich und fehlerhaft ist, dem Original aber inhaltlich weitgehend folgt, arbeitet die Konfrontation zwischen menschlicher und göttlicher Gesetzgebung in den Figuren der Antigone und des Kreon heraus.

Walter Hasenclever (1890–1940): *Antigone* (Uraufführung 1917)

Der Krieg der Brüder ist in dem Stück noch nicht Vergangenheit. Das thebanische Volk spaltet sich in Kriegsbefürworter und Kriegsgegner. **Kreon ruft immer wieder dazu auf, den Krieg fortzusetzen**, während **Antigone** dem ewig erscheinenden **Kreislauf von Gewalt und Gegengewalt ein Ende setzen will**. Das Stück, das vom Widerstand Hasenclevers gegen den Ersten Weltkrieg geprägt ist, endet mit einem schwachen Hoffnungssignal für mehr Menschlichkeit.

Jean Anouilh (1910–1987): *Antigone* (entstanden 1942)

Créon tritt anders als bei Sophokles oder Hasenclever **nicht als Despot** auf, sondern als **Pragmatiker**, der den Erfordernissen des politischen Tagesgeschäftes entsprechend agiert.

Er will Antigone klarmachen, dass sowohl Etéocle als auch Polynice sich haben an die Macht bringen wollen, indem sie mehrmals Anschläge auf ihren Vater verübt haben. Der Machtkampf zwischen den Brüdern habe schließlich im gemeinsamen Tod ein

Ende gefunden; allerdings seien beide Leichen bis zur Unkenntlichkeit entstellt, so dass gar nicht klar sei, wer von beiden ein Begräbnis erhalten habe.

Kreon kein Despot

Créon versucht sie zur Anerkennung der Umstände zu bewegen, dass den einen staatliche Sorge in Form einer ehrenvollen Bestattung, den anderen jedoch die Missachtung trifft. Dabei zeigt er **Verständnis für ihre Geisteshaltung.**[13]

Antigone verkörpert den Menschen, der nicht Abschied nehmen will von **idealistischen Vorstellungen**, der sich mit der Realität und den Kompromissen, die sie verlangt, nicht zufrieden geben will:

„Ich, ich will alles, sofort und vollkommen"

> „Ihr seid mir alle widerlich mit eurem Glück und eurer Lebensauffassung. Gemein seid ihr! Wie Hunde, die geifernd ablecken, was sie auf ihrem Weg finden. Ein bescheidenes Alltagsglück und nur nicht zu anspruchsvoll sein! Ich, ich will alles, sofort und vollkommen – oder ich will nichts. Ich kann nicht bescheiden sein und mich mit einem kleinen Stückchen begnügen, das man mir gibt, weil ich so brav war. Ich will die Gewissheit haben, dass es so schön wird, wie meine Kindheit war – oder ich will lieber sterben."[14]

Créon muss schließlich erkennen, dass **Antigones Wille unbeugsam** ist. Seinem Sohn erklärt er ihren Tod mit ihrer kompromisslosen Haltung:

> „Sie selbst wollte sterben. Keiner von uns war stark genug, sie daran zu hindern. Jetzt begreife ich. Antigone war dieser Tod vorbestimmt. Vielleicht wusste sie es selbst nicht ... aber Po-

———

13 Vgl. Anouilh, S. 49
14 Anouilh, S. 51

lyneikos war nur ein Vorwand. Und als sie nicht mehr für ihn sterben konnte, fand sie sofort einen anderen Grund. Ihr war die Hauptsache, dass sie nein sagen und sterben durfte."[15]

Am Ende des Stücks kehrt der verlassene Créon zum politischen Tagesgeschäft zurück, nicht ohne sich zu wünschen, „(...) immer ein Kind bleiben (zu) können"[16].

Aufbegehrende Jugend

Anouilhs Sympathie gehört Antigone und damit einer aufbegehrenden Jugend, die sich nicht mit der gesellschaftlichen Forderung nach bequemer Anpassung arrangieren will. Realistisch und letztlich lebbar ist jedoch nur der Abschied von den überspannten Idealen; dies ist die Aussage seines Stücks.

Bertolt Brecht (1898–1956): *Antigone des Sophokles* (entstanden 1947/48)

Brecht gestaltet den Antigonestoff zu einem **Spiegelbild des Zweiten Weltkrieges** um.

Kreon ist ein Kriegstreiber, der einen Raubkrieg gegen Argos führt mit dem Ziel, die dortigen Erzgruben in seinen Besitz zu bekommen. Polyneikes, der als Reaktion auf den Tod seines Bruders Eteokles weinend aus der Schlacht reitet, wird als Deserteur von Kreon getötet und nicht begraben.

Widerstand gegen Krieg

Vor dem Hintergrund der drohenden Niederlage, über die Kreon sein Volk nicht aufklärt, erwächst Antigones Widerstand gegen den Krieg. Sie wirft dem Herrscher vor, den Krieg aus **eigennützigen Motiven** zu führen. Auch Hämon wirft dem Vater **Rechthaberei** vor und warnt ihn davor, dass sein Verhalten vom Volk nicht mehr getragen werde.

Am Ende rückt das feindliche Heer gegen Theben vor; der auch nach dem Verlust seiner Söhne Megareus und Haimon uneinsich-

---

15 Anouilh, S. 53
16 Anouilh, S. 63

tig gebliebene Kreon kündigt an, dass Theben zusammen mit ihm untergehen werde.

Maßlose Herrschaft

Brecht will mit seiner Umgestaltung des Mythos die **Geschichte eines imperialistischen Staates** erzählen, der trotz anfänglicher Kriegserfolge schließlich untergeht, weil der Gewaltherrscher maßlos ist. Antigone bleibt wie bei Sophokles das Symbol der bis zum eigenen Tod konsequenten Auflehnung gegen Ungerechtigkeit.

Janusz Glowacki: *Antigone in New York* (1993)

Der situative Kontext ist eine Winternacht im New Yorker Thompkins Square Park. Ostemigranten, die sich nur als Penner in dieser Weltstadt durchschlagen können, haben sich darin eingerichtet. Während der russische Jude Sascha die Kälte im Park überlebt, erfriert wenige Meter entfernt Paulie, der Freund der Puertoricanerin Anita. Paulie soll wie alle namenlosen Landstreicher vor den Toren der Stadt verscharrt werden. Um Paulie wenigstens im Tod einen Rest an Würde zu lassen, stehlen Anita und Sascha seinen Leichnam und begraben ihn heimlich im Park. Doch der Diebstahl der Leiche hat Folgen. Die Polizei schließt den Park, die Obdachlosen werden vertrieben.

In **assoziativer Anlehnung an Sophokles'** berühmtes *Antigone*-Drama ist Janusz Glowackis Stück ein sensibles, beeindruckendes **Plädoyer für die Menschenwürde** und die Toleranz im Umgang mit anderen Menschen und anderen Lebensentwürfen.

Epische Bearbeitungen

Hellenistische und römische Bearbeitungen

Neben Pseudo-Apollodors *Bibliotheke* (entstanden im 1. oder 2. Jh. n. Chr.) findet sich die ausführlichste Version des thebanischen Krieges in epischer Form in der *Thebais* (entstanden zwischen 78/79 und 90/91 n. Chr.) von Statius. Diese Version lehnt sich eng an die euripideischen *Phoinissai* an und verstärkt gleichzeitig das Inzestmotiv (Antigone – Polyneikes). In ihrem Widerstand gegen Kreons Befehl wird **Antigone zu einer Verkörperung der Tugend** an sich. Gleichzeitig wird Ödipus ausgesprochen negativ gezeichnet. Selbstmord- und Rachegedanken stehen am Ende seines Lebens.

Alfred Döblin (1878–1957): *November 1918* (Roman, entstanden zwischen 1937–1943)

Friedrich Becker, Gymnasiallehrer, kommt aus dem Krieg zurück und liest mit seinen Schülern die *Antigone* des Sophokles. Er muss erleben, dass die Schüler Kreon und das Recht des Staates, Gehorsam zu fordern, verteidigen. Angesichts der Verständnislosigkeit der jungen Generation, die sich dem **höheren Recht ungeschriebener Gesetze** verschließt, beschließt Becker, nach dem Vorbild Antigones den Toten des Krieges zu dienen. Er gibt seine Stelle auf und zieht, die Menschen belehrend, durchs Land.

Rolf Hochhuth (geb. 1931): *Die Berliner Antigone* (Novelle, entstanden 1963)

Im Jahre 1943 holt Anne die Leiche ihres hingerichteten Bruders aus der Anatomie und bestattet sie auf dem Invalidenfriedhof. Ihr Bruder ist zum Tode verurteilt worden, weil er nach der Niederlage der deutschen Wehrmacht vor Stalingrad behauptet hat, die Vernichtung der 6. Armee sei die Schuld Hitlers gewesen. Eine Bestattung ist ihm verweigert worden, statt dessen ist er zu medizinischen Zwecken der Berliner Anatomie übergeben worden. Anne soll für ihre Tat gleichfalls hingerichtet werden; der Generalrichter möchte ihr jedoch helfen, da sie die Verlobte seines Sohnes Bodo ist, der an der Ostfront steht.

Anne handelt wie Antigone

Anne weigert sich, das Hilfsangebot anzunehmen, indem sie nicht bereit ist, den Ort preiszugeben, an dem sie ihren Bruder bestattet hat. In der Todeszelle erinnert sie sich daran, dass auf dem Grabstein, unter dem sie ihren Bruder begraben hat, ein Spruch aus der Apostelgeschichte 5, 29 gestanden hat („Man muss Gott mehr gehorchen als den Menschen“). Sie kennt den Inhalt der Bibelstelle nicht, erfüllt aber unbewusst das göttliche Gebot, wenn sie ihrem Gewissen folgt.

In der Zeit ihrer Haft ist Anne von Todesangst erfüllt; die Zusammenlegung mit einer zum Tode verurteilten polnischen Zwangsarbeiterin führt sogar dazu, dass sie ihre eigene Opferbereitschaft nicht mehr nachvollziehen kann. Der Wendepunkt der Novelle setzt ein, als sie vom Tod ihres Verlobten erfährt, der seinem Leben ein Ende gesetzt hat im Glauben, sie sei bereits hingerichtet worden. Anne erkennt, dass der **Tod für sie der einzige Weg in die Freiheit** ist.

Ihre Hinrichtung wird in Form einer Dokumentation indirekt beschrieben; Anne kann unter den 269 hingerichteten Frauen sein, die die Berliner Anatomie in den Jahren 1939–45 erhalten hat.

Elisabeth Langgässer (1899–1950): *Die getreue Antigone* (1947)

Carola **pflegt das Grab eines unbekannten Soldaten** und erweist ihm die Totenehren, die sie ihrem Bruder Clemens, der im Konzentrationslager umgekommen ist, nicht mehr zuteil werden lassen kann. Ihr Freund empört sich über ihr Handeln, weil er meint, dass auch ein SS-Mann in dem Grab liegen könnte. Carolas Standpunkt ist, dass Feindschaft zwischen Menschen ihre Grenze am Tod finden muss. Die Kurzgeschichte hat ein offenes Ende; die Bereitschaft des Freundes, als Ministrant in der Kirche mitzuarbeiten, deutet darauf hin, dass ihn die von **Versöhnung** geprägte Auffassung Carolas überzeugt hat.

Grete Weil (1906–1999): *Meine Schwester Antigone* (1980)

Eine alte Frau, die in einem anonymen Hochhausblock in Frankfurt lebt, setzt sich mit ihrer Vergangenheit als Jüdin im holländischen Exil und als Flüchtling vor den Nationalsozialisten auseinander. Das eigene Überleben plagt sie als **Schuldgefühl** und in dem Beispiel der Antigone, über die sie ein Buch schreiben möchte, wird ihr die **eigene Mutlosigkeit** schmerzlich vor Augen geführt. **Antigone wird**

ihr zum Symbol eines Widerstandes, der in der Bereitschaft zum eigenen Opfer die einzige unzerstörbare Freiheit darstellt.

Inszenierungen

Die *Antigone* gehört zweifellos zu dem **„klassischen" Theaterrepertoire.** Die Intention der Inszenierung ist zuweilen die ausgesprochene Anlehnung an die antike Spielpraxis oder die Widerspiegelung aktueller Probleme auf der Bühne. Eng am griechischen Original orientieren sich beispielsweise die Inszenierungen von Gustav Rudolf Sellner in Darmstadt im Jahre 1957 und von Hansgünther Heyme in Wiesbaden im Jahre 1965.

Widerspiegelung aktueller Probleme

Im Jahre 1969 inszenieren Kai Braak und Ulrich Brecht die *Antigone* am Staatstheater Kassel in einer Doppelaufführung sowohl nach der Übersetzung Hölderlins als auch nach der modernen Übersetzung von Claus Bremer. Während sich die Umsetzung des Hölderlin-Textes der **antiken Spielweise** annähert, wird die Bremer-Version frei realisiert, was sich z. B. im Verzicht auf Rollenfestlegung zeigt.

Die **Aufführungen der siebziger Jahre** sind dagegen von der **Auseinandersetzung um die Berechtigung von individuellem Widerstand gegen staatliche Bestimmungen**, vom Aufstand gegen das Gesetz vor dem Hintergrund der Terroranschläge der RAF bestimmt. Die politischen Strukturen der Gegenwart im antiken Stoff deutlich zu machen, versuchen im Jahre 1978 Niels-Peter Rudolph in Berlin und Ernst Wendt in Bremen. Christof Nel stellt in seiner Frankfurter Inszenierung das Scheitern Kreons und Antigones in den modernen gesellschaftlichen Kontext. Siegfried Diehl schreibt in seiner Rezension in der FAZ vom 06. 11. 1978 dazu:

Aufführungen der 1970er Jahre

„Zeitgenossen"

„Kreon und Antigone, am Anfang noch nah bei den Göttern und weit weg von der zivilisierten Menschheit, werden in einem mühsamen Prozess der vernünftigen Selbstfindung, die im humanitären Spiegelbild ein Selbstverlust ist, zu unseren Zeitgenossen. Kreon gelingt dieser furchtbare Wandel durch Anpassung, Antigone wird mit Gewalt ins Kostüm des Jahrhunderts gesteckt. Beide finden ihr Grab in der modernen Gesellschaft."

Aufführungen der 1980er Jahre

Die Auseinandersetzung mit dem Antigonestoff in den **achtziger Jahren** ist von den **tagesaktuellen Ereignissen bzw. von dem aktuellen gesellschaftlichen Diskurs** geprägt. In einer Kritik der von Peter Back-Vega verantworteten, **1981** am Pfalztheater in Kaiserslautern inszenierten *Antigone* weist Dietrich Wappler auf den Zusammenhang zwischen dem antiken Stoff und der Gegenwart hin:

„Thema der ‚Antigone' ist die Macht des Staates und ihre Grenzen, damit auch das Recht des Einzelnen, gegen diese Macht Widerstand zu leisten. Nicht nur wegen der Auseinandersetzungen um Frieden und Startbahn West macht ein solches Thema hellhörig, man möchte erfahren, was im Morgengrauen unserer Geschichtsschreibung dazu gedacht wurde."[17]

Die Aufführung von Peter Back-Vega habe gerade keinen Diskussionsbeitrag formulieren können, sie bleibe nur ein „behäbiger Klassiker"[18]. Demgegenüber gelingt die Modernisierung in der **Pariser Aufführung** aus dem Jahre 1982 von Jean-Louis Barrault. Hier wird insbesondere Kreon als Personifizierung des modernen Diktators gesehen, auf eine Leinwand im Bühnenhintergrund wer-

17 *Rheinpfalz*, 15.12. 1981
18 Ebenda

den die Attribute des Despotismus: Militärparaden, Folterungen, Hinrichtungen, Konzentrationslager, projiziert.

Lore Stefanek betont in ihrer Inszenierung der *Antigone* in Freiburg im Jahre 1988 den **Machtkampf zwischen Mann und Frau**.

Aufführungen der 1990er Jahre

Auch in den neunziger Jahren gilt das Interesse der Aktualisierung des Stoffes: Im Jahre 1995 inszeniert Florian Hintermeier in einer deutschsprachigen Erstaufführung die *Antigone in New York* von Janusz Glowacki in Bonn. Der Zweiakter spielt im **Obdachlosenmilieu New Yorks**, wo die **Bestattung eines erfrorenen Landstreichers** als Akt der Humanität gilt. Als dekadentes Familienstück fasst es Leander Haußmann auf, der bei den *Antigone*-Aufführungen 1993 in Salzburg und 1996 in Bochum Regie führt. Zur Bochumer Aufführung schreibt die Recklinghausener Zeitung:

Rezension

> „Margit Carstensen in schwarzem Tailleur zieht bravourös alle Register männlicher Hybris. Beweglich und mit exzellenter Sprechdisziplin ausgestattet, zeigt sich der fünfköpfige Chor. Zigaretten qualmend umkreisen die in Abendanzügen steckenden Herren die Tafel, schlüpfen auch vorübergehend zwanglos in zusätzliche Rollen.“[19]

Der Westfälische Anzeiger bemerkt:

> „Haußmann zeigt uns die Tragödie als hochgespanntes, temporeiches Dialogstück, als blutig entgleisende Verlobungsfeier. Himmelfahrt in Bochum. Obwohl hier gelacht werden darf, bleibt die Inszenierung bei der Sache, verschenkt nichts von der archaischen Wucht des tödlichen Konflikts.“[20]

---

19 Http://www.Bochum.de/Schauspielhaus, gesehen am 01.01.2000
20 Ebenda

In einer eigenen Neufassung beschäftigt sich die Regisseurin Marion Winter mit dem Antigone-Monolog; ihre Interpretation, die den Versuch der Individualisierung und der Fokussierung auf die Gestalt der Antigone umfasst, spielt das Werkstatt-Theater Darmstadt im Jahre 1998 (vgl. **Materialien 2**).

Andere Inszenierungen widmen sich in den neunziger Jahren auch wieder verstärkt dem **Bemühen nach originalgetreuer Aufführung**. Im Kölner Horizont-Theater betont im Jahre 1997 Christos Nicopoulos in seiner Regie die Rebellion gegen höhere Gewalt. Seine eigene Übersetzung des griechischen Werkes inszeniert er in Anlehnung an die antike Aufführungspraxis, er verwendet z. B. drei männliche Darsteller mit den zur jeweiligen Rolle passenden Requisiten. Ganz im griechischen Original kommt die *Antigone* des Sophokles im Rahmen der *Münchner Dionysien* im Jahre 1997 auf die Bühne (vgl. **Materialien 4**). Neben diesem eher akademischen Vergnügen steht die bewusste Annäherung an die antike Spielweise, wie sie Walter Pfaff mit *Parate Labor* in einer dreijährigen Vorbereitungszeit versucht: Das Projekt der 1989 gegründeten und in Burgund/Frankreich ansässigen Arbeitsgruppe hat sich die „Re-Ritualisierung" des Antigonestoffes, wie er von Sophokles geschaffen worden ist, zum Ziel gesetzt. *Antigone* ist dabei sowohl ein Studienobjekt, an dem die **Formen der rituellen Kommunikation** und ihre modernen Äquivalente besonders betrachtet werden sollen, als auch literarische Grundlage einer Inszenierung, die die Forschungsergebnisse in einer ritualisierten Form auf die Bühne bringt. Für die Aufführung müssen die Schauspieler neben Altgriechisch auch die byzantinische Gesangsweise, die traditionellen griechischen Volkstanzformen sowie die Totengesänge und Totenklagen erlernen. Dass seine Wahl ausgerechnet auf die *Antigone* gefallen ist, begründet Walter Pfaff mit dem Umstand, dass gerade in der antiken Tragödie der Bruch des rituellen Rechtes thematisiert wird (vgl. **Materialien 5**).

Rebellion gegen höhere Gewalt

Rituelle Kommunikation

5. MATERIALIEN

ÜBERSICHT

Mat. 1
Aristoteles (384–322 v. Chr.): *Poetik* (Auszüge)

Die *Poetik* des Aristoteles formuliert die Strukturelemente und die Funktion des antiken Theaters:

„6. Über die Nachahmungskunst in Hexametern und über die Komödie wollen wir später reden. Jetzt sei von der Tragödie gesprochen.
Aus dem bisher Gesagten entnehmen wir die Bestimmung ihres Wesens. Die Tragödie ist die Nachahmung einer edlen und abgeschlossenen Handlung [mythós] von einer bestimmten Größe in gewählter Rede, derart, dass jede Form solcher Rede in gesonderten Teilen erscheint und dass gehandelt und nicht berichtet wird und dass mit Hilfe von Mitleid [élios] und Furcht [phóbos] eine Reinigung [kátharsis] von eben derartigen Affekten bewerkstelligt wird (...).

7. (...) Vorausgesetzt ist, dass die Tragödie die Nachahmung einer vollständigen und ganzen Handlung ist, und zwar von einer bestimmten Länge; es gibt ja auch ein Ganzes, das keine Länge hat. Ganz ist, was Anfang, Mitte und Ende besitzt. Anfang ist, was selbst nicht notwendig auf ein anderes folgt, aus dem aber ein anderes natürlicherweise wird oder entsteht. Ende umgekehrt ist, was selbst natürlicherweise aus anderem wird oder entsteht, aus Notwendigkeit oder in der Regel, ohne dass aus ihm etwas weiteres mehr entsteht. Mitte endlich, was nach anderem und vor anderem ist.
Es dürfen also Handlungen, die gut aufgebaut sein sollen, weder an einem beliebigen Punkte beginnen noch an einem beliebigen Punkte aufhören, sondern müssen sich an die angegebenen Prinzipien halten. (...)"[21]

Mat. 2
Über den Antigone-Monolog im Werkstatt-Theater Darmstadt im Jahre 1998

Antigone – einsamer Tod im Felsengrab
Neufassung des Monologs nach Sophokles im Werkstatt-Theater Darmstadt:

„Der tragische Konflikt des klassischen Antigone-Stoffs zwischen Staatsraison und Schwesterpflicht diente schon mehreren zeitgenössischen Autoren als Vorlage, so Jean-Giraudoux für sein Antikriegs-Stück nach dem Zweiten Weltkrieg. Die Regisseurin Marion Winter inszenierte nun den Antigone-Monolog in einer eigenen

21 Aristoteles, S. 9–11

Neufassung mit Martina Roth als Antigone für das ‚Werkstatt-Café' des Staatstheaters Darmstadt.

Antigones Brüder Eteokles und Polyneikes haben sich im Kampf um die Herrschaft über Theben gegenseitig umgebracht. Der neue Herrscher Kreon entscheidet, dass Polyneikes im Gegensatz zu seinem Bruder nicht begraben werden darf, sondern den Vögeln zum Fraß dienen soll. Antigone jedoch folgt dem Göttergebot und ihrer Schwesterpflicht und begräbt Polyneikes. Dafür wird sie lebendig in einem Felsengrab eingemauert. Hier rechnet sie in ihrem berühmten Monolog mit Kreon und der Welt ab.

Martina Roth als Antigone liegt zu Beginn in einem ‚Sandkasten', eingefasst von Ziegelsteinen als Symbol für die Einmauerung. Einige Konservendosen und eine Plastiktüte verweisen nicht nur auf eine schmale Wegzehrung, sondern auch auf eine moderne Interpretation.

Langsam erwacht Antigone wie aus einem Albtraum und wird sich ihrer Situation bewusst. Noch einmal rekapituliert sie die Ereignisse, beschwört die Pflicht, den Bruder zu begraben und klagt Kreon an. Ihre Seelenlage schwankt zwischen Stolz, Hohn, Entsetzen und Verzweiflung. Martina Roth drückt diese Schwankungen sowohl durch stimmlichen als auch gestischen und körperlichen Einsatz aus. Mal tanzt sie mit einem imaginären Verehrer, der ihr nun versagt bleiben wird, dann wieder bricht sie zusammen und igelt sich in einer embryonalen Haltung ein, kratzt sich hektisch an allen Körperteilen oder isst fast wie ein Tier aus der Konservendose – Abbild der Verzweiflung und des nahenden Wahnsinns. Über eine dreiviertel Stunde lang hält Martina Roth die Zuschauer in Atem, ohne dass Langeweile aufkommt. Vor allem die Kunst der Pause weiß Martina Roth geschickt zur Spannungssteigerung zu nutzen. Nur ihre Artikulation hätte besser sein können: An manchen Stellen nuschelt sie oder lässt Worte auf ‚er' mit einem platten ‚a' en-

den. Gelungen war die satirische Persiflage des Herrschers Kreon mit Stentorstimme und selbstgefälligem Einherschreiten auf der Ziegelumrandung. (...)
Bei Sophokles erleidet Antigone das ihr zugedachte Schicksal, bei Marion Winkler erstickt sie sich am Schluss mit der Plastiktüte. Im antiken Drama besitzt das Individuum keinen Stellenwert, es hat sich den göttlichen oder weltlichen Geboten zu unterwerfen und im Konfliktfall – siehe Antigone – nach höherem Ratschluss zu sterben. Marion Winkler verleiht Antigone den freien Willen zur Selbsttötung, vermittelt damit jedoch statt emanzipatorischer Botschaft eher Ratlosigkeit. Auch der Freitod ändert nichts an der Macht des Konflikts. So bleiben die textlichen und inhaltlichen Abweichungen Irritationen ohne weitere Bedeutung."[22]

Mat. 3
David Bösch inszeniert *Antigone* im Essener Grillo Theater im Jahre 2008

Eine Kritik auf *Deutschlandradio Kultur* beschäftigt sich mit dieser Inszenierung von 2008, die besonders junge Menschen anspricht.

„Die Familienpartisanin
Eine pubertierende junge Frau von heute ist die Antigone, die David Bösch im Essener Grillo Theater auf die Bühne stellt. Sie singt Punksongs, trotzt den Ratschlägen der Erwachsenen und kämpft mit ihrer dramatischen Familiengeschichte. Das überwiegend junge Publikum war begeistert.

---

22 Http://www.egotrip.de/Kultur, gesehen am 01. 01. 2000

‚Buh!', schreit Antigone aus dem Parkett. ‚Propaganda', schleudert sie König Kreon entgegen, als er ankündigt, ihren Bruder Polineykes nicht beerdigen zu wollen. Antigone probiert alle Formen des Protestes aus, nölt und rotzt, brüllt und geifert. Dann ist sie plötzlich ganz still, und als Kreon sich ihr nähert, spuckt sie ihm ins Gesicht. Sie grölt den Satz ‚Mich schreckt das Sterben nicht' als Punksong, und als es wahrhaftig ans Sterben geht, hält sie ein Schild in die Videokamera: ‚Politische Gefangene seit zwei Stunden.'
Diese Haltungen sind aufgesetzt, vielleicht hat Antigone gerade ein Seminar über die RAF belegt. Dahinter steckt eine junge Frau mit einer schrecklichen Familiengeschichte. Die Mutter hat sich erhängt, der Vater Ödipus geblendet. Und jetzt haben sich auch noch beide Brüder gegenseitig umgebracht im Kampf um die Macht in Theben. Antigone weiß nicht, was sie im Leben anfangen soll, der einzige Fluchtpunkt ist die Familie. Oder das, was von ihr noch übrig ist.
David Bösch inszeniert seine erste griechische Tragödie, die ‚Antigone' von Sophokles, konsequent als Familiendrama. Alle mythischen und humanistischen Hintergründe sind getilgt, Antigone ist in Gestalt von Böschs kraftvoller Protagonistin Sarah Viktoria Frick eine pubertierende junge Frau von heute. Kreons Argumenten will sie gar nicht zuhören, von einer Herrschaft der Vernunft und einer neuen Gesellschaft nichts wissen. Holger Kunkel trägt als König Zopf zur Stirnglatze, vielleicht war er auch mal ein Revoluzzer. Doch gegen Antigone steht er auf verlorenem Posten. Am Ende sind die Geschwister und Kreons Sohn Haimon im Tode vereint, tanzen und spielen, und dem König bleibt nichts übrig, als sich die blutige Augenbinde des Ödipus anzulegen. Seine politische Vision ist gescheitert. Die beiden toten Brüder (Nicola Mastroberardino und Lukas Gra-

ser) sprechen die Texte des Chores, des Boten, des blinden Sehers Teiresias. Sie sind geisterhafte Kommentatoren, die Antigone zu sich herüber ziehen möchten und auch für die komödiantischen Einlagen zuständig sind.
Böschs ‚Antigone' ist eine Inszenierung für junge Leute, die angesichts solcher Stoffe eher ‚Antik? O, ne', sagen würden. Leicht zugänglich, unterhaltsam, mit melancholischen Songs von Karsten Riedel. Im Dialog zwischen Antigone und Kreon greift Bösch auf eine Szene aus Jean Anouilhs ‚Antigone' zurück, sonst lässt er weitgehend die griffige Neuübersetzung von Peter Krumme spielen. Die Wucht und Brutalität, das Archaische der griechischen Tragödie geht dabei verloren, manche Szenen geraten überdeutlich und illustrierend. Aber Bösch gelingt eine warmherzige, spielerisch leichte Aufführung, die vom zum großen Teil jungen Publikum heftig bejubelt wurde."[23]

Mat. 4
Inszenierung in antiker Spielpraxis auf den *Münchner Dionysien* im Jahre 1997

Die Pressestelle der Universität Heidelberg bemerkt zu dieser Aufführung:

„Authentischer Bocksgesang
Heidelberger Altphilologen siegten bei ‚Münchner Dionysein'
‚Gewaltig ist vieles und nichts/Gewaltiger als der Mensch', heißt es in einem Chorgesang der ‚Antigone' von Sophokles. Die griechi-

---

23 Eine Rezension von Stefan Keim. Vgl. http://www.dradio.de/dkultur/sendungen/fazit/761656/, gesehen am 19. 11. 2010

sche Tragödie, auf deutsch ‚Bocksgesang', reflektiert menschliche Seinsproblematik auf zeitlose Weise und steht daher noch immer auf dem Spielplan der neuzeitlichen Bühne. Doch die wenigsten erleben eine Inszenierung in altgriechischer Sprache.
Dass die über 2000 Jahre alten Stücke heute auch in der Originalsprache ästhetisch überraschen können, zeigten die im Juli vom Münchner Institut für Klassische Philologie veranstalteten ‚Münchner Dionysein'. So hieß der zweite überregionale Wettbewerb für Rezitation griechischer Dichtung seit dem Berliner ‚Homer-Rhapsodie-Wettstreit' vor zwei Jahren. Diesmal entstammte die Themenvorgabe aus dem dramatischen Fach.
In München spielten jetzt Institute und Seminare für Klassische Philologie aus Berlin (FU und HU), Münster, Rostock, München, Wien, Zürich, Princeton und Heidelberg Werke von Aischylos, Sophokles und Euripides, den großen Tragikern des fünften vorchristlichen Jh.s. Ganz auf die innere Musikalität der tragischen Chorlyrik setzte das Heidelberger Seminar und errang mit seiner rhythmisch-choreografischen Darbietung der Parodos des ayschyleischen ‚Agamemnon' den dritten Platz als Sieger neben dem Münchner Seminar und nach den beiden Berliner Instituten.
Die engagierten Altphilologen führten bei dem Wettstreit Monologe, Dialogszenen, Chorlieder und Tragödienfragmente, zum Teil in moderner Regiekonzeption, auf.
Auch die gekürzte Fassung einer kompletten Tragödie und ein Satyrspiel, der traditionelle komische Anhang an die klassische Tragödientrias, kamen auf die Bühne.
Statt der historisch unrichtigen Schulaussprache verwendeten alle Teilnehmer die rekonstruierte Prononcierung der klassischen Ära Athens.
Im Sommer 1999 wollen sich die modernen Dionysier wieder in Berlin treffen. Über das Thema wird noch spekuliert. ‚Vielleicht

kommen ja diesmal die antiken Komödien an die Reihe, vielleicht aber auch Lyrik oder etwas ganz anderes', so eine Heidelberger Altphilologin. Vorbereitungen und Probenarbeit werden wieder etliche Schweißtropfen kosten. Doch Gott Dionysos lohnt solche Opfer und schenkt seinen Jüngern dafür Begeisterung."[24]

Mat. 5
Projekt *Antigone 2000* der Arbeitsgruppe *Parate Labor*

Walter Pfaff begründet die Auswahl des Stoffes für das Projekt *Antigone 2000* der Arbeitsgruppe *Parate Labor*:

„Aber warum gerade Antigone?
Erstens, Antigone ist ein Mythos. Bei Sophokles hat die Antigone die Form einer Tragödie, aber zuerst einmal ist Antigone ein Mythos, der viel älter ist. Dank der ethnologischen Forschung weiß man, dass ein Mythos und ein Ritus zusammengehören. Oft nimmt die Erzählung des Mythos einen wichtigen Teil im Ritual ein. Die Überlieferung durch Sophokles gibt uns den Mythos nur als Text; was verloren ging ist der zugehörige Ritus: Wie wurde gesungen und wie getanzt? Wie waren die Bewegungen und wie die Gesten? Das alles ist vorerst unbekannt. Wir wissen nur: Wenn wir Antigone als Mythos begegnen, müssen wir uns mit dem Ritus auseinandersetzen. Zweitens: Antigone ist ein ganz außergewöhnlicher Stoff, weil darin das Ritual oder das rituelle Recht selbst Zentrum der thematischen Auseinandersetzung ist. Es geht um das rituelle Recht und es geht um den Bruch in der Geschichte, da das Staatsrecht das rituelle Recht ablöst. Insofern sind wir die Erben von

---

24 Http://www.rz.uni–heidelberg.de/ it5/unispiegel/5_97, gesehen am 01. 01. 2000

Kreon. In unserer Begräbniskultur haben wir natürlich noch rituelle Rechte. In den Zeitungen findet man immer wieder Berichte über Leichenteile, die ausgegraben und transportiert werden, um ihnen nachträglich ein regelkonformes Begräbnis zuteil werden zu lassen. Begräbnisrituale sind ein alter und zentraler Teil jeder Kultur, und zwar der Teil, der in einer Kultur, auch wenn sie am Untergehen oder Sichauflösen ist, am längsten noch beibehalten wird. Die dritte Besonderheit von Antigone besteht darin, dass die Handlung des Stückes gerade die Durchführung eines Begräbnisrituals ist. In diesem Stück ist die rituelle Thematik demnach auf drei Ebenen abgehandelt: als das Thema, als die Aktion und als die Erzählform des Mythos. Von daher ist Antigone – unbesehen aller anderen Aspekte und unabhängig von ihrer unbändigen poetischen Schönheit – der ideale Stoff für unser Vorhaben, den rituellen Bereich zu erforschen."[25]

---

25 Http://www.Paratelabor.ch, gesehen am 01. 01. 2000

6. PRÜFUNGSAUFGABEN MIT MUSTERLÖSUNGEN

Unter www.koenigserlaeuterungen.de/download finden Sie im Internet zwei weitere Aufgaben mit Musterlösungen.

Die Zahl der Sternchen bezeichnet das Anforderungsniveau der jeweiligen Aufgabe.

Aufgabe 1 ***

Goethe erkennt Kreons Schuld: „Er hat die Ältesten des Staats, welche den Chor bilden, gegen sich; er hat das Volk im allgemeinen gegen sich; er hat den Teiresias gegen sich; er hat seine eigene Familie gegen sich. Er aber hört nicht, sondern frevelt eigensinnig fort, bis er alle die Seinigen zu Grunde gerichtet hat und er selber am Ende nur noch ein Schatten ist (…)." (*Goethe und die Antike*****, S. 264)**

Beschreiben und charakterisieren Sie Kreon. Nehmen Sie ausgehend von Ihrer Untersuchung Stellung zu dieser These!

Mögliche Lösung in knapper Fassung:

CHARAKTERISIERUNG KREON

Kreon beruft sich zur Begründung seiner Haltung auf Recht und Gesetz. In seiner „Regierungserklärung" führt der gerade neu eingesetzte Herrscher aus, dass es das Recht und die Pflicht des Monarchen sei, das zu tun, was seiner Meinung nach Schaden von der Stadt abwendet: „Ich schweige niemals, wenn ich statt des Heils/das Unheil meinem Volke nahen sehe." (V. 185 f.) Aus diesem Grund lässt er Antigone außerhalb der Stadt einmauern, versorgt sie aber gleichzeitig mit Nahrungsmitteln (vgl. V. 775), weil er hofft, die Stadt von der Schuld an ihrem Tode zu entlasten: „Vom Grabgewölbe lasst, wie ich befahl,/sie dort allein, ob sie nun sterben möchte,/ob weiterleben unter solchem Dach./So sind wir unbefleckt von ihrem Tod,/das Wohnrecht nur hier oben ist sie los." (V. 885–890)

Der Monarch muss seiner Meinung nach Gehorsam fordern (vgl. V. 656), er hat willensstark zu sein und darf seine Verwandten und Freunde nicht anders behandeln als seine Untertanen: „Für mich ist einer, der ein ganzes Volk/zu führen hat und nicht an seinen besten/Entschlüssen festhält, sondern ängstlich schweigt,/ein Feigling, und so dachte ich schon immer/wem aber höher als sein Vaterland/die Freunde stehn, der ist für mich nichts wert." (V. 178–183) Polyneikes habe sich durch seinen Angriff auf die Stadt als Feind erwiesen, daher verweigert Kreon ihm die Bestattung: „Und zu keiner Zeit/Werd ich den Schlechten vorziehn dem Gerechten./Wer aber einsteht für sein Volk, der wird/von mir geehrt im Leben und im Tod." (V. 207–210)

Diese Grundsätze klingen als Prinzipien für eine absolutistische Herrschaft nicht nur plausibel, sie drücken auch ein hohes Verantwortungsgefühl gegenüber dem Gemeinwesen aus. Die dichterische Kunst des Sophokles besteht darin, dass er diese Prinzipien mit anderen, gleichfalls einleuchtend erscheinenden Prinzipien in einen Konflikt bringt und dadurch ihre Schwachstellen kenntlich macht.

KREONS STAATSAUFFASSUNG

Dass Kreons Staatsauffassung absolutistisch geprägt ist, zeigt sich bereits zu Beginn, wenn er sein Regierungsprogramm mit der Formel: „Das ist mein Wille" (V. 207) beschließt. Diese Aussage bedeutet nichts anderes, als dass er allein dazu befugt ist, nach keinem anderen Maßstab als dem eigenen Gutdünken über das Wohl des Staates zu bestimmen. Kritik erfährt Kreon zunächst nicht; der Rat der Geronten reagiert auf seine Erklärung mit dem Hinweis auf die Souveränität des Herrschers – er vermeidet eine Stellungnahme zum Inhalt seiner Rede. Neben Antigone ist es später Haimon, der versucht, Kreon die Schwachstellen seiner Herrschaftsauffassung – allerdings erfolglos – zu verdeutlichen.

TÖDLICHE PRINZIPIEN

Vom Ende her betrachtet erweist sich Kreons Vorstellung von Souveränität als tödlich; dabei wird sich Kreon anfangs untreu, als es erstmals um die Anwendung seiner Prinzipien an einem konkreten Fall geht: Entgegen seinem eigenen Grundsatz, Familienmitglieder nicht zu bevorzugen, gibt er Antigone eine Chance, durch eine entsprechende Antwort der Verurteilung zu entgehen. Obgleich die Aussage des Wächters Antigones Schuld bereits erwiesen hat, soll sie die Tat ausdrücklich gestehen (vgl. V. 442); dann baut er ihr gewissermaßen eine argumentative „Brücke", wenn er sie fragt, ob sie überhaupt von dem Verbot Kenntnis gehabt habe: „Du aber sag mir – ohne Umschweife, kurz:/Hast du gewusst, dass es verboten war?" (V. 446 f.)

Erst die Unbeugsamkeit Antigones (V. 471: „Des Vaters trotzige Art verrät das Kind") lässt ihm keine andere Wahl, als konsequent seinen Regierungsprinzipien zu folgen und somit ein Mitglied seiner eigenen Familie zum Tode zu verurteilen. Die Verurteilung wird zusätzlich mit zwei Argumenten untermauert: Antigones Ungehorsam macht die Verhängung einer Strafe notwendig, weil einmal erlassene Gesetze unter allen Umständen einzuhalten sind; zum anderen erkennt Kreon die Notwendigkeit einer Strafe, will er sich als Mann nicht dem Vorwurf aussetzen, von einer Frau „regiert" zu werden. Unbestechlichkeit und Unabhängigkeit sind für Kreon die obersten Maximen, die er auch seinem Sohn Haimon verständlich machen will. Er darf als Monarch und Vater Gehorsam von seinem Sohn fordern, auch wenn Entscheidungen das persönliche Glück des Betroffenen beeinträchtigen.

Kreons Rechtsauffassung erweist sich vom Ende her allerdings als falsch: Sein Bestattungsverbot verstößt sowohl gegen Gesetz und Sitte als auch gegen göttliche Gebote: Schon in der *Illias* des Homer erscheint Patroklos dem griechischen Helden Achill im Traum mit der Bitte, ihn baldmöglichst zu bestatten, damit er in den Hades eingehen kann (*Illias*, 23, 65). Achill zieht sich den Zorn der Götter zu, als er den gefallenen Hektor nicht bestattet, sondern ihn Hunden und Vögeln überlässt (*Illias*, 24, 23). Neben diesen literarischen Beispielen für die allgemeine Auffassung von der Notwendigkeit der Bestattung gibt auch ein Gesetz Solons Zeugnis davon, dass Feindschaften mit dem Tod ein Ende haben müssen; nach diesem Gesetz sind selbst die nach der Schlacht von Marathon gefallenen Perser bestattet worden. Selbst Landesfeinden und Verrätern aus dem eigenen Volk wird ein Grab keinesfalls verweigert, auch wenn sie außerhalb der Stadt beigesetzt werden; wenn man unterwegs auf einen unbestatteten Toten trifft und keine Möglichkeit hat, ein Begräbnis durchzuführen, so genügt eine symbolische Geste, eine Handvoll Staub. Im Bewusstsein der antiken Zeitgenossen hat es zwar vereinzelt die Vorstellung gegeben, dass die Seelen der Toten auch ohne Bestattung in den Hades gelangen können, nach allgemeinem Glauben irren die Seelen der Unbestatteten aber ruhelos umher. Nichtbestattung gilt demgemäß zunächst als Maßnahme gegen den Toten, dann vor allem gegen den Anspruch der Chthonioi; sie wird in klassischer Zeit, in der die Polis zunehmend das Bestattungsrecht für die in ihrem Namen Gefallenen für sich reklamiert, als religiöser Frevel gewertet (vgl. Zimmermann, S. 302 ff.).

KREONS SCHEITERN

Kreon als Tyrann scheitert, weil er nur seine persönliche Meinung vertritt und keinen Interessenausgleich sucht; insbesondere Haimon verdeutlicht ihm diese Verfehlung: „Allein herrschst du am besten in der Wüste." (V. 739) Nimmt man also den politischen

Kontext hinzu, so ist das Verhalten Kreons vor dem Hintergrund des gerade in Athen vollendeten demokratischen Systems zu kritisieren; vorgeblich vertritt Kreon die Interessen der Polis, in Wirklichkeit aber nur seine eigenen Vorstellungen. Das Wohl der Polisgemeinschaft setzt dem eigenmächtigen Handeln des Herrschers eine Grenze; Besonnenheit bei der Führung der Amtsgeschäfte, die Beachtung der öffentlichen Meinung und der sittlichen Gebote sind gerade von ihm zu erwarten. Kreon aber nur als eine Allegorie zu Perikles zu sehen wäre eine unzulässige Verengung (vgl. Rösler, S. 42 ff.), denn der Konflikt geht über den Raum des Politischen hinaus und wird ins Allgemein-Menschliche erweitert.

Der Mangel an Einsicht führt zur Katastrophe in der Familie des Kreon. Sein Handeln wird in den Dialogen mit Antigone, Haimon und Teiresias auf seine sittliche, religiöse und politische Legitimation hin überprüft und für falsch erklärt. Kreon trägt für die Vernichtung der Angehörigen die Schuld, weil er nicht rechtzeitig einlenkt (vgl. V. 1173 ff., V. 1305, V. 1312 f., V. 1317 f.).

Insofern hat Goethe mit seiner These durchaus recht.

Aufgabe 2 *

Entwerfen Sie ein möglichst präzises Charakterbild Antigones und klären Sie dabei vor allem, aus welchem Grund Antigone freiwillig in den Tod geht.

ANTIGONES CHARAKTER

Mögliche Lösung in knapper Fassung:

Antigones Charakterzüge entwickeln sich in der Auseinandersetzung mit der Bestattungsproblematik: Es ist ihre Überzeugung, dass Polyneikes „nach Recht und Sitte" (V. 23) bestattet werden muss. Antigone will, dass ihre Familie im Tode zusammengeführt ist; sie bezeichnet das als ein heiliges Gesetz der Götter (vgl. V. 77), daher lädt sie auch ihre Schwester Ismene ein, ihr bei der Erfüllung dieser heiligen Pflicht behilflich zu sein; Ismene rät aber zur Besonnenheit und erinnert die Schwester an das tödliche Schicksal der Familie (vgl. V. 50–60). Die Distanzierung Ismenes führt dazu, dass sie von Antigone verachtet wird, und zwar selbst dann noch, als Ismene sich aus Solidarität fälschlicherweise bezichtigt, mit Antigone zusammen die Tat begangen zu haben (vgl. V. 536). Antigone verweigert der Schwester das Recht mit ihr zu sterben mit dem – bewusst unzutreffenden – Hinweis, dass sie sich doch ohnehin immer an Kreon orientiert habe (vgl. V. 549). In unversöhnlicher und dogmatischer Weise hat sie für Ismene nur noch Hohn und Spott übrig und widerspricht damit ihrer Grundüberzeugung von der hohen Bewertung der Familie, die der Hintergrund für die Bestattung des Bruders ist. Auch wenn Ismene nun von Antigone Ablehnung erfährt, so erkennt sie in der Aufopferung der Schwester einen Ausdruck der Liebe zu den Verwandten; gleichwohl hält Ismene es für sinnlos, durch den offenen Verstoß gegen ein bestehendes Gesetz bewusst in den Tod zu gehen: „Wenn du's denn willst, so geh. Ich weiß, dein Gang/ist sinnlos, doch die Lieben liebst du recht." (V. 98 f.)

ANTIGONES AUFLEHNUNG

Antigone ist überzeugt von der Richtigkeit ihrer Auflehnung gegen das Gesetz Kreons. Als Begründung führt sie die Familienpflicht (vgl. V. 465–470) und die heiligen Gesetze der Götter an: „An ihnen wollt' ich nicht, weil Menschenstolz/mich schreckte, schuldig werden vor den Göttern." (V. 458 f.) Daher will sie auch dem Rat Ismenes nicht folgen und die Bestattung in aller Heimlichkeit durchführen: „Nein, laut verkünden sollst du's allen Leuten." (V. 86) Sie will ihren Protest gegen das Gesetz des neuen Herrschers unbedingt an die Öffentlichkeit bringen und legt es auch darauf an, bei der Tat gefasst zu werden. Obgleich die erste symbolische Bestattung des Bruders nach der griechischen Vorstellung ausreicht, der Seele die gebührende Ruhe zuteil werden zu lassen, bestattet sie ihn ein zweites Mal; dieser zweite Gang zum Leichnam ist als eine öffentliche Demonstration gedacht, er soll entdeckt werden, damit der öffentliche Protest wirken kann. Vom Ende her betrachtet und angesichts des Schicksals, das Kreon trifft, beweist sie mit dieser Einstellung Weitsicht, da sich der Verstoß gegen die als heilig erachteten Göttergesetze letztlich rächt.

GÖTTLICHE WELTORDNUNG VS. IRDISCHE GESETZE

Darüber hinaus setzt sich im Konflikt zwischen Kreon und Antigone in gewisser Weise auch der Streit zwischen Polyneikes und Eteokles fort. Die Konfrontation zwischen dem Recht der Stadt (Eteokles) und dem Familienrecht (Polyneikes) wird entscheidend erweitert und erhöht: In der Auseinandersetzung zwischen Antigone und Kreon stehen auf der einen Seite das Recht einer göttlichen Weltordnung und auf der anderen Seite das Recht einer von Menschen gesetzten irdischen Ordnung: „Der Konflikt zwischen Antigone und Kreon ist mehr als einfach ein Kampf zwischen zwei starken Persönlichkeiten. Sophokles' Charaktere (...) stehen auch immer für etwas, das größer ist als sie selbst (...). Es erscheint ein (...) fundamentaler Irrtum, in der Antigone nur den Konflikt zweier Charaktere zu sehen wie nur den Kampf zweier Ideen. Familie und Staat, Mystizismus und Rationalismus, persönliches Gewissen und öffentliches Recht – soweit solche Gegensatzpaare überhaupt etwas Wahres enthalten, ist all das in dem Konflikt zweier grundsätzlicher Auffassungen der Weltordnung inbegriffen. Es dürfte klar sein, dass es sich hierbei nicht um individuelle Auffassungen handelt, die ihren Ursprung in Kopf und Herz der beiden Gegner hätten. Eine unüberbrückbare seelische Kluft trennt Antigone und Kreon in allem, was sie sind und tun und man darf da nicht einfach und unzulänglich von einem ‚Widerstreit der Pflichten' oder dem ‚Kampf zweier Willen' reden. Alle persönlichen Gefühle und Erfahrungen sind dem Widerstreit zweier entgegengesetzter Überzeugungen vom Sinne des Daseins unterworfen. Antigone glaubt an eine göttliche Weltordnung; Kreon hält sich an irdische Gesetze und Normen, ebenso für den Einzelnen wie für den Staat." (Ehrenberg, S. 38 f.)

Antigones wichtigstes Motiv ist also die entschlossene Durchsetzung als heilig erachteter Gesetze einer göttlichen Weltordnung: „Edle Thebaner, schaut mich an,/die einzige, letzte vom Königsgeschlecht,/was ich leide, von was für Volk,/weil ich Heiliges heiliggehalten!" (V. 940–943) Es ist kein göttlicher Plan, der ihren Tod vorsieht, sondern es ist ihre eigene Entscheidung (V. 875: „Eigener Drang trieb dich ins Verderben"), für ihre Überzeugung den Märtyrertod zu erleiden.

ANTIGONES ISOLATION

Neben dem Verweis auf die Heiligkeit des Gesetzes, das ihr Handeln begründet und letztlich ihren Tod bewirkt, erklärt Antigone in ihrem letzten Satz kurz vor ihrem Gang in das Grab, dass sie sich verlassen fühle. Sie sei die „einzige, letzte, vom Königsgeschlecht" (V. 941). Diese Einsamkeit bezieht sich nicht auf den Verlust der nach wie vor lebenden Verwandten, sondern auf die mangelnde Unterstützung, die sie für ihre Position erhält. Weder ihr Onkel Kreon noch Ismene teilen ihre Auffassung von der Heiligkeit des Bestattungsgebotes, und auch der Chor der Geronten versagt ihr an dieser Stelle seine Hilfe. Der subjektive Eindruck der Verlassenheit verbindet sich mit ihrer Todesbereitschaft, da erst der Tod sie – ihrer Meinung nach – wieder mit ihrer Familie vereint. Auf diesen Zusammenhang hat Käte Hamburger hingewiesen: „Die Todesbereitschaft Antigones hat ihre objektive, ihr selbst bewusste Ursache im Verlassensein von den Ihren, den Blutsverwandten. Aber das Clanbewusstsein ist freilich so tief mit dem Lebensgefühl Antigones verbunden, ja mit ihm identisch, dass Todeswunsch und Clanbewusstsein in dieser Situation ihres Lebens zusammenfließen und zur dramatischen

Handlung führen, sich in ihr vereinigen. Und deshalb kann man zur Interpretation der Gestalt sagen, dass sie als eine zutiefst archaische, von einem spezifisch chthonischen Lebensgefühl geprägt sich darstellt, und sie weist nicht zufällig auf die unteren, die chthonischen Götter hin, deren Gebot sie zu folgen habe." (Hamburger, S. 200)

Diese Interpretation muss natürlich unterstellen, dass sich Ismene mit ihrer Entscheidung, nicht bei der Bestattung zu helfen, in den Augen Antigones vom Clan entfernt hat. Auch wenn der Chor in seiner Lehre am Ende darauf verweist, dass die heiligen Gesetze befolgt werden müssen, und er damit der Position Antigones inhaltlich Recht gibt, so lässt sich ihr unnachgiebiges Verhalten Ismene gegenüber als eine Art von Überheblichkeit verstehen. Der Appell des Chores, Besonnenheit zu zeigen, ließe sich in diesem Sinne vielleicht auch auf Antigone übertragen.

Aufgabe 3 ***

Der *Kölner Express* bemerkt am 13. 11. 1997: „Diese *Antigone* ist hochaktuell, kein alter Griechen-Schinken." Auf welche Problematik könnte sich diese Aussage beziehen? Weisen Sie die zeitgenössische Aktualität jeweils an einem ausgewählten Werk des 20. Jahrhunderts nach, das den Antigonestoff aufgenommen hat.

Mögliche Lösung in knapper Fassung:

AKTUALITÄT DES ANTIGONE-STOFFES

Die *Antigone* gilt gemeinhin als die Tragödie von der freien Selbstbestimmung des Menschen: Diese Freiheit findet ihre Grenze zum einen an der demokratisch verfassten Polis, zum anderen an den heiligen Gesetzen der Götter. Kreon steht für den in seiner Freiheit scheiternden Menschen, Antigone verkörpert den Widerstand im Namen eines höheren Rechts. Antigones Willensstärke und ihre Tatkraft machen sie zum Beispiel für einen Menschen, der konsequent für seine innere Überzeugung und für sein Recht kämpft und dafür in den Tod geht. Dieser Tod ist ein letzter Beweis für die Freiheit, mit der sie ihre Entscheidung getroffen hat; am Ende siegt sie mit ihrem Tod über ihren Gegner.

Die zeitgenössische Aktualität lässt sich an verschiedenen Bearbeitungen des Stoffes aus dem 20. Jahrhundert nachweisen:

BEISPIELE

→ Walter Hasenclevers *Antigone* (Uraufführung 1917): Der Krieg der Brüder ist in dem Stück noch nicht Vergangenheit. Das thebanische Volk spaltet sich in Kriegsbefürworter und Kriegsgegner. Kreon ruft immer wieder dazu auf, den Krieg fortzusetzen, während Antigone dem ewig erscheinenden Kreislauf von Gewalt und Gegengewalt ein Ende setzen will. Das Stück, das vom Widerstand Hasenclevers gegen den Ersten Weltkrieg geprägt ist, endet mit einem schwachen Hoffnungssignal für mehr Menschlichkeit.
→ Jean Anouilhs *Antigone* (1942): Kreon tritt anders als bei Sophokles oder Hasenclever nicht als Despot auf, sondern als Pragmatiker, der den Erfordernissen des politischen Tagesgeschäftes entsprechend agiert. Er will Antigone klar machen, dass sowohl Eteokles als auch Polyneikes sich haben an die Macht bringen wollen, indem sie mehrmals Anschläge auf den Vater verübt haben. Der Machtkampf zwischen den Brüdern habe schließlich im gemeinsamen Tod ein Ende gefunden; allerdings seien beide Leichen bis zur Unkenntlichkeit entstellt, so dass gar nicht klar sei, wer von beiden ein Begräbnis erhalten habe. Kreon versucht sie zur Anerkennung der Umstände zu bewegen, dass den

einen staatliche Sorge in Form einer ehrenvollen Bestattung, den anderen jedoch die Missachtung trifft. Dabei zeigt er Verständnis für ihre Geisteshaltung (vgl. Anouilh, S. 49). Antigone verkörpert den Menschen, der nicht Abschied nehmen will von idealistischen Vorstellungen, der sich mit der Realität und den Kompromissen, die sie verlangt, nicht zufrieden geben kann: „Ihr seid mir alle widerlich mit eurem Glück und eurer Lebensauffassung. Gemein seid ihr! Wie Hunde, die geifernd ablecken, was sie auf ihrem Weg finden. Ein bescheidenes Alltagsglück und nur nicht zu anspruchsvoll sein! Ich, ich will alles, sofort und vollkommen – oder ich will nichts. Ich kann nicht bescheiden sein und mich mit einem kleinen Stückchen begnügen, das man mir gibt, weil ich so brav war. Ich will die Gewissheit haben, dass es so schön wird, wie meine Kindheit war – oder ich will lieber sterben." (Anouilh, S. 51) Anouilhs Sympathie gehört Antigone und damit einer aufbegehrenden Jugend, die sich nicht mit der gesellschaftlichen Forderung nach bequemer Anpassung arrangieren will. Realistisch und letztlich lebbar ist jedoch nur der Abschied von den überspannten Idealen; dies ist die Aussage seines Stücks.

→ Bertolt Brechts *Antigone des Sophokles* (entstanden 1947/48): Brecht gestaltet den Antigonestoff zu einem Spiegelbild des Zweiten Weltkrieges um. Er will mit seiner Umgestaltung des Mythos die Geschichte eines imperialistischen Staates erzählen, der trotz anfänglicher Kriegserfolge schließlich untergeht, weil der Gewaltherrscher maßlos ist. Antigone bleibt wie bei Sophokles das Symbol der bis zum eigenen Tod konsequenten Auflehnung gegen Ungerechtigkeit.

→ Janusz Glowackis *Antigone in New York* (1993): Der situative Kontext ist eine Winternacht im New Yorker Thompkins Square Park. Ostemigranten, die sich nur als Penner in dieser Weltstadt durchschlagen können, haben sich in ihm eingerichtet. Während der russische Jude Sascha die Kälte im Park überlebt, erfriert wenige Meter entfernt Paulie, der Freund der Puertoricanerin Anita. Paulie soll wie alle namenlosen Landstreicher vor den Toren der Stadt verscharrt werden. Um Paulie wenigstens im Tod einen Rest an Würde zu lassen, stehlen Anita und Sascha seinen Leichnam und begraben ihn heimlich im Park. Doch der Diebstahl der Leiche hat Folgen. Die Polizei schließt den Park, die Obdachlosen werden vertrieben. In assoziativer Anlehnung an Sophokles' berühmtes „Antigone"-Drama ist Janusz Glowackis Stück ein sensibles, beeindruckendes Plädoyer für die Menschenwürde und die Toleranz im Umgang mit anderen Menschen und anderen Lebensentwürfen.

→ Alfred Döblins *November 1918* (entstanden zwischen 1937–43): Friedrich Becker, Gymnasiallehrer, kommt aus dem Krieg zurück und liest mit seinen Schülern die *Antigone* des Sophokles. Er muss erleben, dass die Schüler Kreon und das Recht des Staates, Gehorsam zu fordern, verteidigen. Angesichts der Verständnislosigkeit der jungen Generation, die sich dem höheren Recht ungeschriebener Gesetze verschließt, beschließt Becker nach dem Vorbild Antigones den Toten des Krieges zu dienen. Er gibt seine Stelle auf und zieht, die Menschen belehrend, durchs Land.

→ Rolf Hochhuths *Die Berliner Antigone* (entstanden 1963): Im Jahre 1943 holt Anne die Leiche ihres hingerichteten Bruders aus der Anatomie und bestattet sie auf dem Invalidenfriedhof. Ihr Bruder ist zum Tode verurteilt worden, weil er nach der Niederlage der deutschen Wehrmacht vor Stalingrad behauptet hat, die Vernichtung der 6. Armee sei die Schuld Hitlers gewesen. Eine Bestattung ist ihm verweigert, statt dessen ist er zu medizinischen Zwecken der Berliner Anatomie übergeben worden. Anne soll für ihre Tat gleichfalls hingerichtet werden; der Generalrichter möchte ihr jedoch helfen, da sie die Verlobte seines Sohnes Bodo ist, der an der Ostfront steht. Anne weigert sich, das Hilfsangebot anzunehmen, indem sie nicht bereit ist, den Ort preiszugeben, an dem sie ihren Bruder bestattet hat. In der Todeszelle erinnert sie sich daran, dass auf dem Grabstein, unter dem sie ihren Bruder begraben hat, ein Spruch aus der Apostelgeschichte 5, 29 gestanden hat („Man muss Gott mehr gehorchen als den Menschen"). Sie erinnert sich nicht mehr an den Inhalt der Bibelstelle, erfüllt aber unbewusst das göttliche Gebot, wenn sie ihrem Gewissen folgt.

→ Grete Weils *Meine Schwester Antigone* (1980): Antigone wird zum Symbol eines Widerstandes, der in der Bereitschaft zum eigenen Opfer die einzige unzerstörbare Freiheit darstellt.

Aufgabe 4 *

Charakterisieren Sie den Chor der Geronten. Welche Funktion hat er im Drama inne?

Mögliche Lösung in knapper Fassung:

VERSCHIEDENE FUNKTIONEN

Die Funktion des Chores im antiken Drama ist die eines Gesprächspartners (z. B. V. 211–222) und eines Kommentators (vgl. z. B. V. 1350–1353). Außerdem kündigt er Auftritte (vgl. z. B. V. 155–161) an. In den Standliedern, dem lyrisch-musikalischen Teil der Auftritte, reflektiert der Chor den Mythos; die Dialogstellen werden dagegen von verbalen Auseinandersetzungen dominiert. Im Verhältnis der Dialoge und der Stasima wird also das Verhältnis von Mythos und Logos repräsentiert. Wenn der Chor Kreon den

Rat gibt, nicht mehr seinem eigenen Logos zu folgen, sondern auf Teiresias zu hören, dann wird damit die Gültigkeit des mythischen Weltbildes erwiesen. Der Appell an die Besonnenheit ist eine Mahnung, die menschlichen Entscheidungen auf der Basis heiliger Gesetze zu treffen. Letztlich verlangt der Chor also die Beachtung des Mythos!

Der Schlussvers: „Überhebung büßt mit großem Falle/Großes Wort, dem Alter zu Besinnung" (V. 1351 f.), lässt sich nicht nur auf Antigone und Kreon, sondern auch auf den Chor selbst beziehen. Immerhin hat er die Illegalität von Kreons Entscheidung nicht erkannt und sich vielmehr von dem Herrscher einnehmen lassen in seiner Haltung gegen Antigone. Erst nach dem Auftritt des Teiresias bezieht der Chor der Geronten eine klare Position.

DER CHOR IRRT SICH

Betrachtet man einmal vom Ende her die Stellungnahmen des Chores, so erkennt man, dass sie zum Teil ausweichende, zum Teil aber auch falsche Einschätzungen enthalten:

BEISPIELE

- → Er bestätigt Kreon, dass er in seiner Position als Staatsoberhaupt nach eigenem Gutdünken Gesetze erlassen kann (vgl. V. 211–214) und vermeidet damit eine inhaltliche Stellungnahme zum Bestattungsverbot.
- → Im ersten Stasimon lobt er den vernunftbegabten Menschen als Beherrscher der Welt und scheint so die Regierungserklärung Kreons zu unterstützen.
- → Im zweiten Stasimon wird Antigones Tat und Verurteilung ausschließlich im Zusammenhang mit dem Fluch der Labdakiden gesehen (vgl. V. 594 ff.).
- → Er vermutet, dass Haimon nur aus Sorge um Antigone zu Kreon kommt (vgl. V. 628–630).
- → Das Loblied auf die Größe des Liebesgottes Eros (vgl. V. 781–799) zeigt, dass der Chor das Auftreten Haimons als einen

Ausdruck der Liebe zu Antigone versteht. Auch wenn es ein Anlass sein mag, so ist das doch nicht Hauptgrund für Haimons Besuch. Es entgeht dem Chor, dass Haimon nicht als leidenschaftlicher Liebhaber auftritt, sondern ruhig und vernünftig argumentiert und dabei das Recht der Polis wie auch das Recht der Götter verteidigt.

→ Im Dialog mit Antigone sieht der Chor sie selbst als Urheberin ihres Leides (vgl. V. 821) und verweist wiederholt auf den Fluch des Labdakidengeschlechts (vgl. V. 856). Seiner Meinung nach müssen die Gesetze der Mächtigen unter allen Umständen eingehalten werden (vgl. V. 872–875).

DER CHOR ZWEIFELT AN KREON

Der Chor hat natürlich recht, wenn er erklärt, Antigone sterbe aus freien Stücken; dass aber die Gesetze des Staates auch die Göttergesetze beachten müssen, das hat er im ersten Stasimon selbst verlangt (vgl. V. 368 f.). Insofern ist seine Haltung durchaus widersprüchlich; zum Teil scheint sie sogar vom Respekt vor der Macht des Herrschers geprägt. Zuweilen findet man auch Zeichen eines leise angemeldeten Zweifels an der Rechtmäßigkeit von Kreons Entscheidung:

BEISPIELE

→ Der Chor vermeidet es, eine inhaltliche Entscheidung über die Rechtmäßigkeit des Bestattungsverbotes zu treffen und lehnt die Verantwortung, über die Einhaltung des Verbotes zu wachen, ab (vgl. V. 215 f.).

→ Er vermutet eine göttliche Beteiligung bei der Bestattung und weist damit indirekt auf das heilige Recht hin: „Herr! Ob nicht gar ein Gott dies Werk betrieb,/darüber denke ich schon lange nach." (V. 278 f.)

→ Im ersten Stasimon verweist er auf die Bedeutung der Beachtung von staatlichem und göttlichem Recht.

- Er kritisiert Antigones Tat als „sinnlose(s) Tun" (V. 382), nicht als verbotene Tat.
- Nach der Aufdeckung von Antigones Tat wird im zweiten Stasimon die Ohnmacht des Menschen besungen, dessen Leben sich niemals frei von Unheil erfüllt; vom Ende her lässt es sich als eine Vorausdeutung auf Kreons Schicksal verstehen.
- Die mythologischen Beispiele des vierten Stasimon sind entweder Analogien auf die Verurteilung Antigones mit Trostfunktion (die leidende Danae wird schließlich durch göttliches Wirken erhöht, die Brüder der Kleopatra rächen ihre Schwester) oder Verweise auf das Ende Kreons (der rasende König Lykurg kommt durch göttliches Einwirken zur Einsicht).

Der Chor hat im Dionysoskult die Aufgabe, den Gott anzurufen; im antiken Drama stellt er die Verbindung mit dem Mythos her. Die Grundlagen des menschlichen Daseins werden durch den Mythos bestimmt; der Versuch des Menschen, sich kraft des eigenen Verstandes über die göttliche Weltordnung zu erheben, wird bestraft. Im Wirken des Chores kommt der religiöse Charakter des antiken Dramas im Kontext der Dionysosfeier am deutlichsten heraus. Der Gott wird in einem Moment angerufen, als offensichtlich geworden ist, dass menschliche Unzulänglichkeit eine Katastrophe ausgelöst hat; in der unabwendbaren Zwangsläufigkeit des Geschehens offenbart sich die Folge menschlicher Hybris.

LITERATUR

Zitierte Ausgabe:

Sophokles: *Antigone*. Übersetzt von W. Kuchenmüller. Stuttgart: Reclam 1955 (Reclams Universal-Bibliothek 659).

Sekundärliteratur:

Anouilh, Jean: *Antigone*. München: Langen Müller, 1993.

Aristoteles: *Poetik*. In: Theorie des Dramas. Hrsg. von U. Stähle, Stuttgart: Reclam, 1973 (Reclams Universal-Bibliothek 9503 [2]).

Bittner, Vera u. a.: *Geschichte und Geschehen*. Geschichtliches Unterrichtswerk für die Sekundarstufe I. Stuttgart: Klett, 2. Aufl. 1995.

Brecht, Bertolt: *Werke*. Große kommentierte Berliner und Frankfurter Ausgabe. Hrsg. von W. Hecht u. a. Frankfurt/Main: Suhrkamp, 1994.

Ehrenberg, Victor: *Sophokles und Perikles*. München: Beck, 1956.

Geisenhanslüke, Achim: *Sophokles' Antigone*. München: Oldenbourg, 1999.

Giebel, Marion: *Erläuterungen und Dokumente: Sophokles Antigone*. Stuttgart: Reclam, 1992 (Reclams Universal-Bibliothek 8195).

Grant, Michael und John Hazel: *Lexikon der antiken Mythen und Gestalten*. München: DTV, 1980.

Grumach, E. (Hrsg.): *Goethe und die Antike*. Eine Sammlung. Bd. 1. Berlin: de Gruyter, 1949.

Hamburger, Käte: *Von Sophokles zu Sartre*. Griechische Dramenfiguren antik und modern. Stuttgart: Kohlhammer, 1965.

Hegel, Georg Wilhelm Friedrich: *Sämtliche Werke*. Jubiläumsausgabe. Hrsg. von H. Glockner. Bd. 16: Vorlesungen über die Philosophie der Religion. Zweiter Teil. Stuttgart: Frommann, 1928.

Hermes, Eberhard: *Der Antigone-Stoff: Sophokles, Anouilh, Brecht, Hochhuth*. Stuttgart, Düsseldorf, Leipzig: Klett, 4. Aufl. 1998.

Hochhuth, Rolf: *Die Hebamme, Komödie*. Erzählungen, Gedichte, Essays. Reinbek: Rowohlt, 1972.

Langgässer, Elisabeth: *Erzählungen*. Düsseldorf: Claassen, 1964.

Jahr, Friedrich u. a.: *erinnern und urteilen I*. Unterrichtsreihen Geschichte. Stuttgart: Klett, 1984.

Kästler, Reinhard: *Sophokles' Antigone*. Hollfeld: Bange, 6. Aufl. 1997.

Kinder, Hermann und Hilgemann, Werner: *DTV-Atlas Weltgeschichte*. Bd. 1: Von den Anfängen bis zur Französischen Revolution. München: DTV, 32. Aufl. 1998.

Riemer, Peter: *Sophokles' Antigone – Götterwille und menschliche Freiheit*. Stuttgart: Steiner, 1991.

Rösler, Wolfgang: *Zweimal Antigone: griechische Tragödie und episches Theater*. In: Der Deutschunterricht, Heft 2/1979, S. 42 ff.

Schadewaldt, Wolfgang: *Hellas und Hesperien*. Bd. 1. Stuttgart, Zürich: Arthemis, 2. Aufl. 1970.

Schadewaldt, Wolfgang: *Die griechische Tragödie. Aischylos, Sophokles, Euripides*. Frankfurt/Main: Suhrkamp, 1991.

Stähle, U. (Hrsg.): *Theorie des Dramas*. Stuttgart: Reclam, 1973 (Reclams Universal-Bibliothek 9503).

Steiner, George: *Die Antigonen*. Geschichte und Gegenwart eines Mythos. München, Wien: Hanser, 1988.

Weil, Grete: *Meine Schwester Antigone*. Frankfurt/Main: Fischer, 1982.

Zimmermann, Christiane: *Der Antigone-Mythos in der antiken Kunst und Literatur*. Tübingen: Narr, 1993.

Zink, Norbert: *Sophokles' Antigone*. Frankfurt/Main: Diesterweg, 11. Aufl. 1999.

STICHWORTVERZEICHNIS

KÖNIGS ERLÄUTERUNGEN
SPEZIAL

Lyrik verstehen leicht gemacht

- wichtige Prüfungsthemen in allen Bundesländern
- ideal zur Vorbereitung

Umfassender Überblick über die Lyrik einer Epoche (mit Interpretationen)

Lyrik des Barock
Best.-Nr. 3022-8

Lyrik der Klassik
Best.-Nr. 3023-5

Lyrik der Romantik
Best.-Nr. 3032-7

Lyrik des Realismus
Best.-Nr. 3025-9

Lyrik der Jahrhundertwende
Best.-Nr. 3029-7

Lyrik des Expressionismus
Best.-Nr. 3033-4

Lyrik der Nachkriegszeit
Best.-Nr. 3027-3

Lyrik der Gegenwart
Best.-Nr. 3028-0

Bedeutende Lyriker: Einführung in das Gesamtwerk und Interpretation der wichtigsten Gedichte

Benn
Das lyrische Schaffen
Best.-Nr. 3055-6

Brecht
Das lyrische Schaffen
Best.-Nr. 3060-0

Eichendorff
Das lyrische Schaffen
Best.-Nr. 3059-4

Goethe
Das lyrische Schaffen
Best.-Nr. 3053-2

Heine
Das lyrische Schaffen
Best.-Nr. 3054-9

Kästner
Das lyrische Schaffen
Best.-Nr. 3057-0

Rilke
Das lyrische Schaffen
Best.-Nr. 3056-3

Trakl
Das lyrische Schaffen
Best.-Nr. 3061-7

Bange Verlag

Die beste Vorbereitung auf Abitur, Matura, Klausur und Referat